1   Rechtlicher Hinweis ~~Lanzarote~~... mal anders!

Von Andrea Müller

Der Inhalt dieses E-Books wurde mit größter Sorgfalt erarbeitet. Dennoch können Fehler nicht vollständig ausgeschlossen werden. Die Autorin übernimmt keine juristische Verantwortung oder irgendeine Haftung für eventuell verbliebene Fehler und deren Folgen. Alle Warennamen werden ohne Gewährleistung der freien Verwendbarkeit benutzt und sind möglicherweise eingetragene Warenzeichen. Alle (auch personenbezogenen) Abbildungen wurden nur für diesen Reiseführer explizit erlaubt. Eine Weiterverwendung / Weitergabe ist ausdrücklich nicht erlaubt. Das Werk einschließlich aller seiner Teile ist urheberrechtlich geschützt. Jede Verwertung - auch auszugsweise - ist nur mit Zustimmung der Autorin erlaubt. Alle Rechte vorbehalten.

Kommentare und Fragen sind herzlich willkommen:
Andrea Müller
Calle Las Cuevas, 91 – A2
E- 35542 Punta Mujeres, Provinz Las Palmas, Lanzarote
Web: www.lanzarote-mal-anders.de
mailto:ebook@lanzarote-mal-anders.de

2   Impressum

Bibliografische Information der Deutschen Nationalbibliothek

Die Deutsche Nationalbibliothek verzeichnet diese Publikation in der Deutschen Nationalbibliografie; detaillierte bibliografische Daten sind im Internet über http://dnb.d-nb.de abrufbar

© 2018 Andrea Müller

Herstellung und Verlag
BoD – Books on Demand, Norderstedt

ISBN: 9783752849646

3   Übersichtskarte Orte und Sehenswürdigkeiten

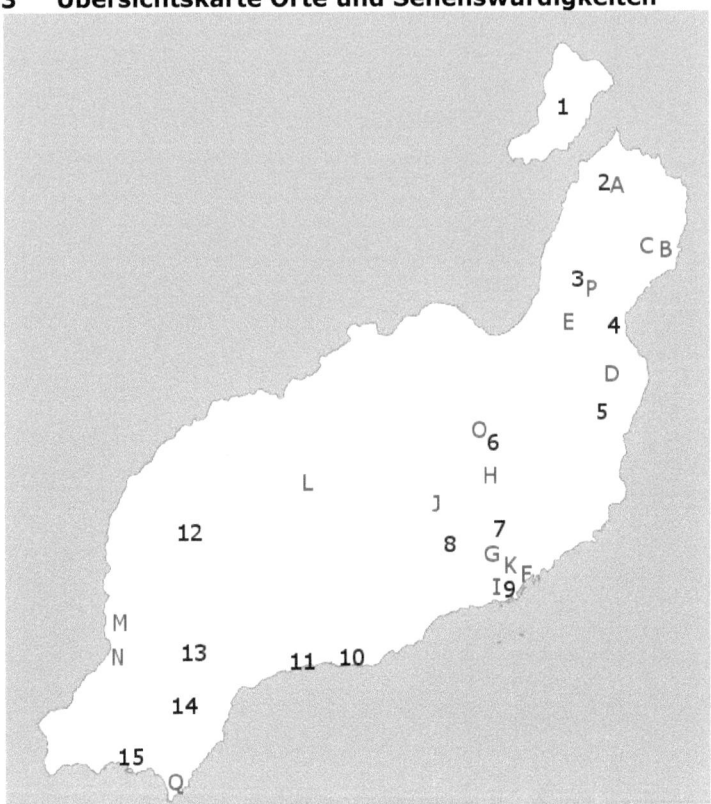

1= La Graciosa, 2= Mirador del Rio, 3= Haria, 4= Arrieta, 5= Guatiza, 6= Teguise, 7= Tahiche, 8= San Bartolomé, 9= Arrecife, 10= Puerto del Carmen, 11= Puerto Calero, 12= Montañas del Fuego, 13= Yaiza, 14= Femés, 15= Playa Blanca

A= Mirador del Río, B= Jameos del Agua, C= Las Cuevas de Los Verdes, D= Kakteengarten- Jardín de Cactus, E= Haus/ Museum César Manrique- Casa/ Museo César Manrique, F= Castillo San José-Internationales Museum für zeitgenössische Kunst, G= Stiftung César Manrique- Fundación César Manrique, H= Lagomar- Casa Omar Sharif, I= Piratenmuseum im Castillo de Santa Barbara - Museo de la Pirateria, J= Bauerndenkmal- Monumento al Campesino, K= Casa Amarilla – Arrecife, L= Wallfahrtskirche Ermita de Los Dolores, M= Los Hervideros, N= Salinen von Janubio- Las Salinas de Janubio, O= Teguise Markt – Mercadillo Teguise, P= Kunsthandwerksmarkt in Haría, Q= Papagayo Strände

4   Einführung Reiseführer Lanzarote 2018

Lanzarote ist die kleinste der ostkanarischen Inseln und besticht mit 300 Vulkanen, die in einer einmalig faszinierenden, kontrastreichen Landschaft eingebettet sind.

Zum Schutz der natürlichen Schönheit der Vulkaninsel und ihres kulturellen Erbes wurde Lanzarote am 07.10.1993 von der Unesco zum **Biosphärenreservat** erklärt. Dank des bedeutenden Inselkünstlers **César Manrique** blieb Lanzarote von den gravierenden Bausünden, die in den 1960- 1970 Jahren auf den Nachbarinseln Teneriffa und Gran Canaria stattfanden, nahezu verschont. Profitieren Sie von seinem einmaligen Engagement, um die vielen, kleinen weißen Dörfer zu entdecken und lassen Sie sich von seinem einzigartigen Schaffenswerk beeindrucken. Genießen Sie im Norden die unbeschreiblich schöne Aussicht vom **Mirador del Río** auf die kleine malerische Insel **La Graciosa**,

Erkunden Sie die einmaligen **Cuevas de los Verdes**, und entdecken im unterirdischen See im **Jameos del Agua** die einmaligen kleinen, weißen Albino- Krebse.

Fahren Sie nach **Haría** in das Tal der 1000 Palmen, um über den authentischen **Kunsthandwerkermarkt** zu bummeln, besuchen Sie den Künstler der authentischen kanarischen Keramik, oder sehen Sie dem letzten Korbflechter der Insel bei seiner Arbeit zu.

Versäumen Sie auf keinen Fall sich das **Casa Museo César Manrique**, das letzte Haus des einzigartigen Inselkünstlers, anzusehen.

Bestaunen Sie im malerischen Örtchen **Guatiza** die grandiose Kakteenvielfalt im Kakteenengarten, dem **Jardín de Cactus**.

Schlendern Sie durch die kleinen Gassen der ehemaligen Inselhauptstadt **Teguise**, stürzen Sie sich in das grandiose Treiben auf dem **Mercadillo de Teguise**, dem größten Wochenmarkt der Insel, oder blicken Sie vom **Castillo Santa Barbara** mit dem Piratenmuseum, dem **Museo de la Piratería**, über die gesamte Insel.

Erleben Sie im **Museum Lagomar**, dem Haus von Omar Sharif, Architektur wie in einem Märchen aus 1001 Nacht, und lassen Sie sich von der **Fundación César Manrique**, dem Haus mit den unterirdischen Lavablasen, in seinen Bann ziehen.

Entdecken Sie im **Castillo San José** zusätzlich zum **Museo Internacional de Arte Contemporaneo**, dem Museum für zeitgenössische Kunst, das **Restaurant Que Muac**, das exklusive Tapas anbietet.

Tauchen Sie in den Trubel der Inselhauptstadt **Arrecife** ein, flanieren Sie über die Haupteinkaufsstraße **Calle Castillo y Léon**, genießen Sie bei einem Café die atemberaubende Aussicht aus der 17. Etage vom **Gran Hotel Arrecife**, oder spazieren Sie um den **Charco de San Ginés** mit den unzählig kleinen Fischerbooten.

Erkunden Sie die Vergangenheit im Flughafenmuseum, dem **Museo Aéronautico**, im Landwirtschaftsmuseum, dem **Museo Agrícola El Patio**, im völkerkundlichen Museum, dem **Museo Etnográfico Tanit**, oder im Weinmuseum, dem **Museo del Vino El Grifo**.

In der geografischen Inselmitte mit dem Bauernmuseum **Casa Museo Monumento al Campesino** und der prägnanten Fruchtbarkeitsstatue, können Sie nach einem Rundgang inseltypische Tapas genießen.

Durchqueren Sie die Weinstraße **La Geria** und kosten Sie die Inselweine
und kosten Sie die Inselweine in einer der vielen Bodegas.

Machen Sie sich von **Mancha Blanca** mit der **Ermita de Los Dolores**, mit der Schutzpatronin der Insel, über das Besucherzentrum, dem **Centro de Visitantes**, in dem Vulkansimulationen gezeigt werden, auf den Weg zu den Feuerbergen, den **Montañas del Fuego**.

Lassen Sie sich bei einer beeindruckenden Fahrt durch das **Timanfaya**- Gebiet von der unglaublichen Vulkanlandschaft beeindrucken, erleben Sie hautnah Feuer- und Wasservorführungen und kosten Sie im **Restaurant El Diablo** Speisen vom Lavagrill, der ausschließlich durch

Erdwärme betrieben wird. Auf der **Ruta de Camellos** schaukeln Sie auf dem Rücken von Kamelen mit einer Karawane durch die Feuerberge.

Setzen Sie von **Playa Blanca** in nur 30 Minuten auf die Nachbarinsel **Fuerteventura** über, um die Faszination der schneeweißen Karibikstrände mit dem kristallklaren Wasser zu spüren.

Erwerben Sie handgeschöpftes Meersalz in den Salinen, den **Salinas de Janubio** und lassen Sie sich von der schroffen Westküste mit dem großartigen Naturschauspiel des Meeres in **Los Hervideros** beeindrucken.

Ersteigen Sie den **Lago de los Clicos** mit der smaragdgrünen Lagune und kehren Sie im pittoresken Fischerdorf **El Golfo** zum Fischessen ein.

Verköstigen Sie Ziegenkäse, hausgemachte Marmeladen, Mojosoßen und Weine, oder verwöhnen Sie Ihre Haut mit Aloe Vera Produkten der Insel. Top- Adressen für einheimischen Küche, Tapas und Gastronomieevents.

Starten Sie mit dem Leihwagen zu **5 abwechslungsreichen Routen**: Die große César Manrique Tour, mit allen Highlights des Inselkünstlers, der kontrastreiche Norden, der Nordwesten, die vulkanisch feurige Mitte und der Süden.

Auf **4 ausgewählten Wanderungen** erleben Sie Natur pur: Umrunden Sie den farbenreichen **Montaña Colorada** und den dunklen **Montaña de Cuervo**. Blicken Sie in den höchsten Berg des Nordens, den **Monte Corona** und wandern Sie auf der **Tremesana**- Tour durch den Timanfaya Nationalpark.

Machen Sie einen Tagesausflug auf die Insel **La Graciosa** und lassen Sie ihre Seele in den kleinen Badebuchten oder an den langen Sandstränden, der **Playas de Papagayo**, baumeln.

5   Die Kurzfassung von Nord nach Süd

5.1   La Graciosa

Die fünf Inseln Alegranza, Roque del Este, Roque del Oeste, Montaña Clara und La Graciosa gehören zur Inselgruppe Chinijo. **La Graciosa** wird durch den 1,5 Km breiten Meeresarm, El Río, von Lanzarote getrennt und ist die einzig ständig bewohnte Insel.

Die Siedlung Caleta del Sebo, die zugleich Inselhafen ist, bietet Restaurants, Einkaufs- und Übernachtungsmöglichkeiten. Im Landesinneren erheben sich die Vulkane Las Agujas mit 266 m und Montaña del Mojón mit 188 m. Die Playa de las Conchas, die sich am Fuße des Montaña Bermeja mit 157 m befindet, gilt als schönster Strand der Insel. Eine Fähre setzt regelmäßig von Órzola nach La Graciosa in 30 Minuten über.

5.2   Mirador del Río

Der Mirador del Río ist ein Aussichtspunkt, der im Norden der Insel 475 m über der Steilküste, in einem ehemaligen Militärposten, liegt. Das von César Manrique entworfene Gebäude, bietet mit seinen Außenterrassen und den Blick durch die „Augen" eine fantastische Sicht auf La Graciosa.

5.3   Haría

Die Gemeinde Haría im Norden der Insel lebt nach wie vor von der Landwirtschaft. Rundherum werden Kartoffeln, Zwiebeln, Erbsen und Wein angebaut. Schöne Ausblicke genießt man vom Mirador de Guinate auf die Küstenlandschaft und die Insel La Graciosa.

Vom Aussichtspunkt Mirador de Haría hat man einen fantastischen Blick auf das „**Tal der Tausend Palmen**", dem größten Palmenhain der Insel. Im Ortszentrum befindet sich die schattige begrünte Allee, León y Castillo, die zur Kirche führt. Jeden Samstag findet ein großer Kunsthandwerksmark mit ausschließlich selbstgefertigten Gegenständen und Produkten der Insel statt. Etwas abseits des Zentrums liegen die letzte Wohnstätte von César Manrique und die Werkstatt des letzten Korbflechters der Insel.

5.4   Arrieta

Die an der Ostküste gelegene ehemalige Fischersiedlung Arrieta ist mit dem Nachbarort Punta Mujeres durch weißgekalkte Häuser geprägt. Die Höhle **Jameos del Agua** ist Teil eines 6 km langen Lavatunnels, der vom Vulkan La Corona bis zum Meer verläuft und sich unter dem Meeresboden 1,5 km weiter fortsetzt. Im Inneren befindet sich eine Lagune, in der eine auf der Welt einzigartige weiße, blinde Krebsart lebt. Zum gleichen Teil des Tunnels gehört die **Cueva de los Verdes**, ein Tunnel, der auf unterschiedlichen Ebenen begehbar ist.

5.5 Guatiza

Das kleine Dorf Guatiza war das Zentrum der Schildlauszucht auf der Insel, indem Feigenkakteen angebaut wurden. Sehenswert ist der von César Manrique entworfene Kakteengarten, der **Jardín de Cactus**, mit über 1400 Kakteenarten. Von der Windmühle oberhalb der Kakteenterrassen hat man einen schönen Ausblick über die gesamte Anlage.

5.6 Teguise

Das historische Städtchen Teguise, einst Bischofssitz und bis 1852 Verwaltungshauptstadt der Insel, wird von den Einwohnern heute noch La Villa, die Stadt, genannt. Im Zentrum liegt die Kirche San Miguel mit der Jungfrau von Guadelupe, die Anfang des 20. Jahrhunderts erneuert wurde. Am Kirchplatz befinden sich das Zenthaus La Cilla, ein ehemaliger kirchlicher Getreidespeicher aus dem 17. Jahrhundert und der Palacio Spinola mit einer Timpleaustellung. Jeden Sonntag findet hier der größte Markt der Insel, der **Mercadillo**, mit über 500 Ständen, statt.
Über der Stadt thront auf einem Vulkanberg die ehemalige Festung, das **Castillo Santa Barbara** mit einem Piratenmuseum.
Zur Gemeinde Teguise gehört die große Feriensiedlung **Costa Teguise**, die direkt am Meer liegt.
Sehenswert ist das Ex- Anwesen von Omar Sharif, das **Lagomar** in Nazaret.
Im fruchtbaren Tal von Los Valles liegt auf einer Anhöhe die Kirche **Ermita de las Nieves**, von der aus man einen fantastischen Blick über die Insel bis hin zu Fuerteventura genießt.
Am 4 km langen Strand **Playa de Famara** kommen Wind- und Kitesurfer auf ihre Kosten.

5.7 Tahíche

Der Ort Tahíche wird als Vorort von Lanzarotes Hauptstadt Arrecife bezeichnet. In Taro de Tahíche befindet sich die **Fundación César Manrique**, das Haus mit den unterirdischen Lavablasen.

5.8 San Bartolomé

Die Kleinstadt San Bartolomé liegt am Rande des wichtigsten Landwirtschaftsgebietes La Geria, zwischen den Dörfern Tías und Uga, mit dem größten Weinanbaugebiet Lanzarotes.

Im geografischen Zentrum der Insel befindet sich die Nachbildung eines pittoresken, alten Bauerndorfers, das **Casa/ Museo del Campesino** mit der **Fruchtbarkeitsstatue**, die den Bauern der Insel gewidmet ist.

Das Landwirtschaftsmuseum **El Patio** in Tiagua zeigt verschiedene Mühlentypen sowie Feld- und Handwerksgeräte.

Im **Museo Etnografico Tanit**, dem völkerkundlichen Museum, wird eine Sammlung von Gegenständen ausgestellt, die in Laufe von fast 100 Jahren auf der Insel zusammengetragen wurden.

5.9 Arrecife

Die Haupt- und Hafenstadt Arrecife ist Sitz der Inselregierung und war Heimathafen der größten Fischfangflotte der kanarischen Inseln.

Der ehemalige Schandfleck Arrecifes, ein 17- stöckiges Hochhaus, das in das **Grand Hotel Arrecife** umgewandelt wurde, ist der markanteste Punkt der Insel. Aus dem Café in der 17. Etage blickt man wunderbar über die Stadt bis Puerto del Carmen und Fuerteventura. Vor dem Hotel liegt der Stadtstrand, der **Playa de Reducto**, der bei Flut eine Augenweide ist.

Ein Wahrzeichen der Stadt ist die Kugelbrücke, die das Stadtzentrum mit der Festung, dem **Castillo San Gabriel**, verbindet. Die großen Kanonen vor dem Eingang stammen aus dem ehemaligen Militärposten des Mirador del Río. Von hier lädt die lange Einkaufsstraße, die **Calle León y Castillo**, zum Shoppen und zum Besuch der **Casa Amarilla** mit insularen Wechselaustellungen ein.

Sehenswert ist die Kirche **San Ginés** mit den Figuren des Stadtpatrons und der Rosenkranzmadonna. Am angrenzenden, malerischen **Charco de San Ginés** blickt man von kleinen Restaurants auf unzählige Fischerbötchen. Am nördlichen Stadtrand wurde die Festung, das **Castillo San José** mit Zugbrücke und Burggraben, unter der Leitung von César Manrique zum Museum für zeitgenössischer Kunst, dem **Museo Internacional de Arte Contemporaneo MIAC**, umgebaut. Unweit davon befindet sich der Hafen Puerto de los Mármoles, in dem die großen Kreuzfahrtschiffe ankern.

5.10 Puerto del Carmen

Der einstige Hafenort Puerto del Carmen ist Lanzarotes größtes Feriengebiet mit den langen Stränden **Playa de Matagorda**, **Playa de los Pocillos**, **Playa Grande** und der schönen Sicht auf Fuerteventura. Durch das Zentrum zieht sich eine unendliche Einkaufsmeile mit unzähligen Einkaufsmöglichkeiten, Kneipen und Restaurants.

5.11 Puerto Calero

Der schicke, überschaubare Yachthafen Puerto Calero bietet eine Auswahl an Restaurants und Boutiquen. Von hier starten unter andrem der Catlanza- Katamaran zu den Papagayostränden und das U- Boot, um in den Atlantik abzutauchen.

5.12 Montañas del Fuego

Der Nationalpark Timanfaya in den Feurbergen, den **Montañas del Fuego**, ist die Hauptattraktion Lanzarotes. Am **Islote de Hilario**, vor dem Restaurant El Diabolo, endet die Zufahrtstraße der 50 qkm großen Vulkanlandschaft. Der Ort liegt oberhalb einer Magmakammer, deren Temperaturen bereits 10 Meter unter der Erde über 600 Grad erreichen. Eine atemberaubende Fahrt durch die Vulkanlandschaft, sowie beeindruckende Vorführungen folgen.
Unweit der Zufahrt zum Timanfaya, am **Echadero de Camellos**, bietet sich die Möglichkeit eines Dromedarritts am Hang des Vulkans.
Das Besucherzenrum, das **Centro de Visitantes**, bietet eine Ausstellung und Filmvorführung zum Thema Vulkane. Zudem werden kostenlos geführte Wanderungen, wie die **Tremesana- Wanderung** durch den Nationalpark, angeboten.

In **Mancha Blanca** befindet sich die Wallfahrtskiche, die **Ermita de Nuestra Señora de los Dolores**, die der Schutzheiligen der Insel gewidmet ist.

5.13 Yaiza

Der kleine Ort Yaiza, der bei Schönheitswettbewerben schon mehrmals den ersten Platz gewonnen hat, ist Zentrum des gleichnamigen Gemeindebezirks. Fronleichnam werden große bunte Salzteppiche auf den Vorplatz der Kirche gestreut.
In der Umgebung an der Küste befinden sich 3 weitere Attraktionen: die **Salinas de Janubio**, das Naturschauspiel **Los Hervideros** und das Fischerörtchen **El Golfo**.

5.14 Femés

Das kleine Dorf Femés liegt am Rand des naturgeschützten Bergmassivs Los Ajaches und ist die kürzeste Verbindung nach Playa Blanca. In einer Höhe von 350 m bietet der Vorplatz der Kirche eine unbeschreibliche Sicht über Playa Blanca bis nach Fuerteventura.

5.15 Playa Blanca

Erst seit Mitte der 1980- er Jahre hat sich die winzige Fischersiedlung Playa Blanca zum drittgrößten Feriengebiet der Insel entwickelt. Neben den künstlich angelegten Hauptstränden, die **Playa Flamingo** und die **Playa Dorada**, zählen jedoch die **Papagayostrände** mit ihren 7 unterschiedlich großen Badebuchten zum „non plus ultra".
Im Hafen von Playa Blanca starten stündlich die Fähren nach Fuerteventura. Die schneeweiße Dünenlandschaft und die Strände in Corralejo zählen zu den Highlights der Nachbarinsel.

6 Die Besucherzentren- Centros de Arte, Cultura y Turismo

Es können 9 Zentren besucht werden, von denen 8 kostenpflichtig sind und bis zu 6 als Kombinations- **Bono-Ticket** ermäßigt erworben werden können.

Im Norden der Insel, auf der Anhöhe des Risco de Famara, liegt der Aussichtspunkt **Mirador del Río**, von dem man einen fantastischen Blick auf die vor gelagerte Insel La Graciosa hat und in der Höhle **Cueva de los Verdes**, die durch einen langen Lavatunnel führt, kann das Herz der Erde erkundet werden.

In den **Jameos del Agua** kann die weltweit einzigartige kleine Krebsart beobachtet werden und im Kakteengarten **Jardín de Cactus** präsentieren sich über 1400 Arten. Das kostenfreie **Casa Monumento al Campesino** mit dem Museumshaus des Bauern und der Fruchtbarkeitsstatue liegt im geografischen Zentrum Lanzarotes, von dem aus der Zugang zu jedem Punkt auf der Insel möglich ist. In der Nähe von Arrecife befindet sich in der alten Militärfestung, dem Castillo San José, das internationale Museum für zeitgenössische Kunst, das **Museo Internacional de Arte Contempráneo – MIAC** mit modernen Kunstwerken. Im Süden liegen im Nationalpark Timanfaya, die Feuerberge **Montañas del Fuego**, die durch Vulkanausbrüche zwischen 1730 und 1736 entstanden.

Es werden unterschiedliche **BONO- Tickets**, Kombinationstickets angeboten, mit denen bis zu 10,55 € eingespart werden kann. Sie sind 14 Tage gültig. Kinder bis 6 Jahren sind frei, von 7- 12 Jahren wird der halbe Preis berechnet.
1. Möglichkeit: Bono 3 Zentren: Preis 21,00 €. Hier kann man aus Jameos del Agua, Montañas del Fuego und den Cueva de los Verdes, 2 Zentren auswählen. Dann muss man sich zwischen dem Mirador del Río und dem Jardín del Cactus entscheiden. Die maximale Ersparnis gegenüber dem Einzeleintrittspreis beträgt 4,30 €.
2. Möglichkeit: Bono 4 Zentren: Preis 28,00 €. Hier sind die Jameos del Agua, die Cueva de los Verdes und die Montañas del Fuego enthalten. Als viertes Zentrum kann man sich wieder zwischen dem Mirador del Río und dem Jardín del Cactus entscheiden. Die maximale Ersparnis beträgt 6,80 €.
3. Möglichkeit: Bono 6 Zentren: Preis 33,00 €. Mit diesem Ticket können alle Zentren besucht und 10,55 € pro Person, gegenüber dem Einzelpreis gespart werden.

Besuchszeiten: (Sommerzeit: 1. Juli- 30. September)
Museo Internacional de Arte: ganzjährig 10.00- 20.00 Uhr
Monumento al Campesino: ganzjährig 10.00- 17.45 Uhr
Jardín del Cactus: Sommer: 9.00- 17.45 Uhr, Winter: 10.00- 17.45 Uhr
Cueva de los Verdes: ganzjährig 10.00- 19.00 Uhr, letzte Besichtigung 18.00 Uhr
Jameos des Agua: ganzjährig 10.00- 18.30 Uhr

Mirador del Río: Sommer 10.00- 18.45 Uhr, Winter: 10.00-
17.45 Uhr
Montañas del Fuego: Sommer: 9.00- 18.45 Uhr, letzte Fahrt:
18.00 Uhr, Winter: 9.00- 17.45 Uhr, letzte Fahrt 17.00 Uhr
**Die BONO- Tickets sind auf Nachfrage an allen Kassen
der Zentren erhältlich.**
Nicht mit dem Bono- Ticket kombinierbar sind die **Casa
Amarilla** in Arrecife mit temporären, insularen Ausstellungen
und das Unterwassermuseum **Museo Atlántico**, für das ein
Tauchschein erforderlich ist.

6.1 Mirador del Río

Im äußersten Norden ist der Mirador del Río auf 475 m der
höchste Aussichtspunkt Lanzarotes, der eine grandiose
Aussicht auf die Klippen des Famaragebirges sowie auf die
vorgelagerte Insel La Graciosa bietet.
Das vom Inselkünstler César Manrique entworfene Gebäude
wurde im Jahr 1973 fertiggestellt und besticht durch seine
Vulkansteinfassade, die sich wie ein Kamelion der Umgebung
anpasst und deshalb nicht offensichtlich wahrgenommen
wird. Die schmiedeeiserne Stahlskulptur, eine Kombination
aus Fisch und Vogel, schmückt den Eingang zum Mirador.
Ein geschlängelter Tunnelgang führt in zwei große Gewölbe,
vor denen sich die großen Fensterfassaden, die sogenannten
„Augen" des Aussichtspunktes befinden.
Auf die grandiose Aussichtsplattform, die in den tiefen
Abgrund hinausragt, gelangt man duch die Seitentüren der
Cafeteria.
Hier schleicht sich durch das robuste Geländer das Gefühl
ein, an einer Schiffsreling zu stehen und in Kürze die
malerische Nachbarinsel La Graciosa anzulaufen.   Im
hinteren   Teil   der   Cafeteria   führt   die   dynamisch
geschwungene Wendeltreppe in die oberen Etagen des
Miradors mit einem Souvenirshop, einer Sitzgelegenheit mit
Aussicht auf den **Monte Corona**, dem höchsten Vulkan im
Norden, und einer weiteren Aussichtsplattform, von der man
erneut auf La Graciosa blickt.
An klaren Tagen ist die Aussicht vom Mirador eine
Augenweide, jedoch sieht man bei starker Bewölkung,
abgesehen von tief hängenden Wolken, absolut nichts. In
diesen   Fällen   kann   nur   noch   die   Architektur   des
Aussichtspunktes bewundert werden.
Um die nahezu identische Aussicht auf La Graciosa zu
genießen, parken Sie Ihren Mietwagen am Mirador del Río

und gehen die kleine Straße auf der linken Seite vor dem Aussichtspunkt zu Fuss entlang. Alternativ biegen Sie in diese Straße links ein und passieren die Küste. Haltemöglichkeiten bieten kleine Parkbuchten und Mauerdurchbrüche auf der Landseite, an denen Sie das Fahrzeug abstellen können.

Nostalgie: Für die 1979 ausgestrahlte Weihnachtsserie im ZDF **„Tim Thaler, das verkaufte Lachen"**, fanden die Dreharbeiten u.a. im Mirador del Río, dem Wohnsitz des Barons, statt.

6.2 Jameos del Agua

Das Höhlensystem Jameos del Agua liegt im Norden, an der LZ- 1 Richtung Orzola und ist durch die Ausbrüche des Vulkans La Corona entstanden. Das Wort Jameos stammt aus dem Wortschatz der Ureinwohner, der Guanchen, und bedeutet Erdöffnung oder Vertiefung im Erdreich. Das Gesamtkonzept der Anlage wurde von César Manrique entworfen, und im Jahre 1966 eröffnet.

Nach dem Eingang führt eine geschwungene Lavasteintreppe herab auf die erste Ebene des Jameos, die in einem Restaurant endet.

Im hinteren Teil befindet sich ein harmonisch in die Höhlenwände eingefasster Barbereich, neben dem der beleuchtete Tunnelstrang, der direkt vom Vulkan La Corona kommt, in Szene gesetzt wurde.

Vorbei an üppigen grünen Pflanzen, führt die nächste geschwungene Treppe direkt zum See mit den Krebsen.

Es handelt sich um eine kleine weiße, blinde Krebsart, die sonst nur in Tiefen von über 2.000 Metern vorkommt und maximal 1,5 cm groß wird.

Der Wasserspiegel des Sees sinkt und steigt mit den Gezeiten, da die Grotte, trotz fehlender Verbindung zum Meer, durch Meerwasser, das durch das Gestein sickert, gespeist wird.

Ein schmalen Lavasteinweg für in den hinteren Teil des Jameos.

Obwohl der See tief erscheint, ist er flach, da sich die hohe Decke auf der Wasseroberfläche beeindruckend widerspiegelt.

Etwa in der Mitte des Sees sieht man im Deckengewölbe eine Öffnung, durch die Tageslicht eindringt. Diese ist durch eine Explosion beim Kontakt der Lava mit dem Meerwasser entstanden, sodass die durchdringenden Lichtstrahlen sich auf der Wasseroberfläche spiegeln.

Auf der hinteren Seite des Sees angelangt, erblickt man die faszinierenden Reflektionen der Eingangsseite auf der Wasseroberfläche. Erneut laden Sitzgelegenheiten zum Verweilen ein.

Aufwärts führen im Gewölbe beidseitig integrierte Treppen, in die nächste Ebene mit einer Bar und Sitzgelegenheiten.

Faszinierend ist, von wie vielen unterschiedlichen Ebenen die Lichtreflexionen im See und das dicke Lavagestein wahrzunehmen sind. Weitere Treppen führen in die nächste Ebene zum Außenbreich, auf der ebenfalls Treppenstufen, auf der linken Seite, eine kleine grüne Gartenlanschaft erschließen.

Im Außenbreich liegt, neben den Krebsen, die zweite faszinierende Attraktion der Anlage: Eine von schwarzen Monolithen durchsetzte schrill, alpinweiß leuchtende Poollandschaft mit türkisblauem Wasser bildet einen extremen Kontrast zu den dunklen Felsbrocken und verwandelt den Ort in eine Oase, die zum Fotoshooting einlädt. Die schräge hohe Palme, die sich im Pool reflektiert, macht alle Aufnahmen zum perfekten Fotomotiv.

Auf der linken Seite treppabwärts, dürfte sich auch die ausgefallene Barkreation, mit dicken schwarzen Lavasteinen, die als Sitzfläche der Barhocker dienen, zum perfekten Foto eignen.

Links neben dem Pool führt der Weg zum **Auditorium** der Anlage.

Das Auditorium, mit 600 Sitzplätzen in 19 aufsteigenden Reihen, befindet sich in einem beeindruckenden vulkanischen Tunnel, der im Laufe der Jahrzehnte brüchig geworden war und ständigen Reparaturmaßnahmen unterliegt, sodass hier keine Veranstaltungen mehr stattfinden.

Im Außenbereich führt erneut eine gewendelte Treppe zur Ausgangsebene. Von zwei großen Terrassen mit einer Bar genießt man einen fantastischen Blick über den gesamten Poolkomplex, auf das Meer und das Malpais de La Corona.

Von der rechten Terrasse gelangt man in das Haus der Vulkane, dem **Casa de los Volcanes**, in der sich eine, im Jahr 2002 prämierte Ausstellung befindet, die jedoch inzwischen technisch überholt ist.

Im weiteren Verlauf gelangt man in den oberen Teil der Ausstellung. Von dem geschwungenen Weg, der vor dem Komplex verläuft, lassen sich erneut schöne Fotos schießen.

Mit einem grandiosen Weitblick auf die Küste sieht man die kleinen weißen Orte Punta Mujeres und Arrieta, dahinter folgen Mala und Guatiza, wo sich der Kakteengarten befindet. Der obligatorische Souvenirshop liegt am Ausgang.
Übrigens: Alle Tische und Stühle im Jameos del Agua stammen von einem alten gestrandeten Segelschiff, von dem César Manrique Teile in der Ausstellung als Wandskulptur umgesetzt hat.

6.3 Las Cuevas de Los Verdes

Das Höhlensystem **Las Cuevas de Los Verdes** befindet sich im Norden der Insel und ist in die weite Vulkanlandschaft des Malpais de la Corona integriert.
Als der Vulkan **La Corona**, vor mehr als 3000 Jahren ausbrach, bildete sich ein 6 Kilometer langer unterirdischer Vulkantunnel, der sich vom Vulkankegel bis hin zum Meer erstreckt. In diesem Tunnel befinden sich die Cuevas de los Verdes und weiter unten, kurz vor dem Meer, die Jameos del Agua.
Der Besuch der Höhle ist eine Reise ins flammende, erkaltete Herz der Erde, spektakulär und einzigartig zugleich.
Der etwa ein Kilometer lange Bereich, der besichtigt werden kann, besteht aus überlagerten Galerien mit vertikalen Verbindungen, die es erlauben, Ebenen aus unterschiedlichen Perspektiven zu erblicken. Man sieht Lavakanäle, feste Blöcke, die von der Lavaströmung mitgerissen wurden, Lavatropfen, Salinendepots und verfestigte Lavaschichten.
Das Gewölbe und die Wände erscheinen in spektakulären Farben.
Der Rundgang im Erdinneren dauert ca. 50 Minuten. Nachdem man das Ticket gelöst hat, werden Gruppen von etwa 50 Personen zusammengefasst. Nach einer kurzen Einweisung auf Spanisch und Englisch, geht es dann auch zügig aus einem Mix von treppauf, treppab, wieder normal gerade aus, teils auch gebückt, durch die Höhle.
Im Inneren herrscht eine konstante Temperatur von 20 Grad. An besonders interessanten Punkten erfolgen kurze Erklärungen durch den Guide. Kurz vor Ende des Rundganges wird es dann noch einmal richtig spannend und faszinierend.
Der Guide weißt auf ein sagenhaft tiefes Loch in der Höhle hin, mit der Ansage: No Pictures, no Pictures, Kinder bitte zurückbleiben, „take care", da die Absperrung aus einer nicht mal kniehohen Brüstung besteht. Alles weitere erfahren Sie vor Ort.

Wichtig: Achten Sie unbedingt auf festes Schuhwerk, Flip-Flops sind ungeeignet. Im gesamten Komplex befinden sich keine Toiletten. Auf die nächsten Örtlichkeiten treffen Sie vor den Cuevas de los Verdes an der Seite des Parkplatzes.

Hintergrundinformationen: Der innere Ausbau der Höhlen begann 1960 und wurde 1964 fertig gestellt. Die Beleuchtung wurde von Jésus Soto, einem der engsten Mitarbeiter von César Manrique, in Szene gesetzt. Er realisierte unter anderem auch das Lagomar und legte die Vulkanroute durch das Timanfayagebiet fest.

Wissenswert: Las Cuevas de los Verdes heißt übersetzt die Höhlen der Grünen. Sie werden aber nicht so genannt, weil sie sich im grünen Norden der Insel befinden, sondern weil die Familie Verde, übersetzt mit grün, damals hier lebte.

Als Lanzarote im 16. und 17. Jahrhundert unter Piratenangriffen litt, dienten die verworrenen Galerien der Höhle als Versteck und Zufluchtsort für die Einwohner der Insel.

6.4   Kakteengarten- Jardín de Cactus

Der Kakteengarten, **Jardín de Cactus**, befindet sich auf der Landstraße zwischen Guatiza und Mala. Bereits aus der Ferne erblickt man eine kleine Windmühle mit rotem Dach, die als Wegweiser dient.

Vor dem Eingang trohnt der überdimensional große, 8 m hohe grüne Kaktus aus Stahl als Wahrzeichen der Anlage, die vom Inselkünstler César Manrique entworfen wurde.

Früher wurden im gesamten Gebiet zwischen Guatiza und Mala Koschenillen auf Kaktusfeigen gezüchtet. Aus Mexiko stammend, stellt die Koschenille ein Karmin her, dass seit den Azteken für das Färben von Stoffen, Lebensmitteln und Kosmetik verwendet wird. 1835 gelangten sie nach Lanzarote. Ableger der Kakteen wurden im Frühjahr gepflanzt und bei ausreichender Größe, mit Insekten infiziert. Im Sommer wurden sie vorsichtig mit Blechlöffeln geerntet. Das Verfahren der Trocknung und Reinigung, um die Koschenille im Ganzen zu erhalten, war akribisch und streng traditionell. Seitdem jedoch der rote Farbstoff künstlich hergestellt wurde, verlor die Zucht an Bedeutung.

César Manrique machte sich eine aufgegebene Vulkangrube zu nutze, um seine Vorstellung eines großen Kakteengartens zu realisieren. Es können mehr als 10.000 Pflanzen bewundert werden, zu denen mehr als 1.000 zu Kakteenarten und Dickblattgewächse gehören. Der Garten hat die Form eines Amphitheaters, in dem stufenförmig Beete angelegt sind, die man über, mit Vulkansteinen gepflasterte Wege, erreicht.

In der Mitte der Anlage sind die Beete größer angelegt und mit riesigen Monolithen gestaltet. Im hinteren Teil befindet sich neben einem Souvenirshop auch eine Snack- Bar, in der man wunderbar entspannt bei einem Getränk verweilen kann, um nochmals die ganze Atmosphäre zu spüren.

6.5 Haus/ Museum César Manrique- Casa/ Museo César Manrique

Das **Casa/ Museo César Manrique** war der letzte Wohnort des bedeutenen Künstlers César Manrique. Es befindet sich in Haría und ist auf allen Straßenschildern im Ort ausgewiesen.

1987 gab der Künstler sein damaliges Wohnhaus in Tahíche, der Sitz der heutigen Fundación César Manrique auf, und zog in sein neues Haus nach Haría. Er baute es auf den Ruinen eines alten historischen Hauses, das dem Dorfarzt Paco Fierro gehörte, auf und wohnte dort bis zu seinem tragischen Unfalltod.

Das 12.000 Quadratmeter große Grundstück ist übersät mit großen, dicken, alten Palmen. Das Wohnhaus befindet sich im rechten, vorderen Teil, das große Atelier des Künstlers liegt separat im hinteren Teil des Geländes.

Kleine, schwarze Lavasteinchen, die auf dem gesamten Anwesen verteilt sind, führen zum Eingang. Man betritt einen kleinen Innenhof, den Zitronenhof, auf der linken Seite befindet sich die Kasse. Dort erhält man einen Plan, der zusätzliche Informationen über die Räume des Hauses beinhaltet. Leider dürfen im Haus keine Fotos gemacht werden, erlaubt sind nur Außenaufnahmen und Fotos im Atelier. Der Rundgang beginnt auf der rechten Seite.

Zunächst gelangt man in den Galeriehof, der von Manrique mit traditionellen alten Gebrauchsgegenständen gestaltet wurde. Auf der
rechten Seite befindet sich in der oberen Etage ein pittoresker, traditionell gefertigter Holzgitterbalkon.

Tritt man in das Gebäude ein, steht man im Ankleideraum für Gäste, mit angrenzendem Badezimmer.

Vom Innenhof des Hauses gelangt man anschließend auf der linken Seite in die Diele des Hauses. Eine schwere, dunkle Holzdecke und ein mit Sternen verzierter Terrakottaboden erinnern an die traditionelle Architektur der Insel. Auf der linken Seite geht es zum einem Schlaf- und Badezimmer.

Durch die ursprüngliche Anordnung der Gebrauchs-
gegenstände des Künstlers, kommt permanent das Gefühl
auf, dass César Manrique jeden Moment wieder zur Tür
herein kommen könnte.

Im großzügigen Bad hat man das Gefühl, sich im Freien zu
befinden, da ein Glasvorbau den Innen- vom Außenraum
trennt. Unzählige Kosmetikartikel, die sich auf der Ablage
über den Waschbecken befinden, komplettierten das Bad.

Durch das Schlafzimmer zurück, vorbei an der Diele, gelangt
man ins Wohnzimmer, dem größtem und zentralsten Raum
des Hauses. Hier sind ein kleines Bad, eine Küche und ein
Esszimmer angegliedert.

Das kleine innenliegende Bad wirkt aufgrund von
umlaufenden Spiegeln und kreisförmigen Einlassungen in der
Decke, taghell.

Die daneben liegende Küche ist im Landhausstil gehalten, hat
eine Durchreiche zum Wohnzimmer und besitzt einen
Ausgang zu einer überdachten Pergola.

Das offene Wohnzimmer, mit Blick in den Außenbereich, wird
von einem Kamin aus Basalt dominiert, der mit Tongefäßen
dekoriert ist. Davor befindet sich eine gemütliche Sitzgruppe,
daneben auf dem Gestell eines alten Näh-
maschinenunterbaus, eine gefüllte Schnapsbar. Auf der
rechten Seite der Sitzgruppe steht ein schwarzer Flügel mit
unzähligen Fotografien.

Im angrenzenden großzügigen Esszimmer mit langem
Esstisch, fand die erste Sitzung, in der die Gründung der
César Manrique Stiftung beschlossen wurde, statt.

Im Außenbereich vor dem Pool, grenzt ein weiterer Schlaf-
und Badezimmerbereich an das Gebäude an.

Hinter dem Pool befinden sich zwei Sitzgruppen und Liegen,
die von einer Pergola überdacht sind.

Abschließend besteht die Möglichkeit, sich eine kurze
Filmvorführung über den Künstler auf einem Flachbildschirm
im Außenbereich neben dem Esszimmer anzusehen.

Der weitere Weg führt zum Atelier, das im hinteren Teil des
Grundstückes liegt.

Hierher zog sich César Manrique täglich zum Arbeiten zurück.
Die Werkstatt ist übersät mit Tischen voller Zeichnungen,
Staffeleien, Dosen mit Acryllacken und den
unterschiedlichsten Gegenständen. Alles wurde so erhalten,
wie der Künstler es vor seinem Tod im Jahr 1992
hinterlassen hatte.

6.6 Castillo San José- Internationales Museum für zeitgenössische Kunst

Das internationale Museum für zeitgenössische Kunst, das **Museo Internacional de Arte Contemporáneo MIAC**, befindet sich in der Burg San José, die als Militärfestung diente. Sie wurde im 18. Jahrhundert während der Herrschaft des Bourbonen Carlos III. errichtet.

Aufgrund der Initiative von César Manrique wurde das baufällige Gemäuer in ein Museum umgeplant und 1975 eröffnet. Der Künstler leitete persönlich die Umbauarbeiten und die Erschließung, veränderte aber kaum die Innenstruktur der Burg. In den Nebengebäuden entwarf Manrique ein Restaurant, das den auffälligsten Eingriff in die Architektur der alten Festung darstellt.

Die Bezahlung erfolgt im Container auf der linken Seite der Burg.

Über die alte Zugbrücke erfolgt der Zugang ins Gebäude. Beeindruckend sind die dicken Gewölbemauern, inden sich temporäre Kustaustellungen befinden. Folgt man der Treppe in die obere Etage, blickt man vom Industriehafen, dem Muelle de Los Mármoles, bis hin auf das höchsten Gebäude in Arrecife, dem Gran Hotel Arrecife.

Im Untergeschoss, das man über eine geschwungene Treppe erreicht, befindet sich das Restaurant **QUÉ MUAC**, indem Sie sowohl einen Café als auch ausgefallene Tapas verköstigen sollten.

Vom Restaurant gelangt man treppaufwärts durch eine weitere Galerie wieder zum Eingangsbereich.

TIPP: Auch ohne Museumsbesuch erreichen Sie das **Restaurant QUÉ MUAC** über die Außentreppe, die links am Museum herab führt. Probieren Sie hier, in einem einmaligen Ambiente, mit wunderschöner Aussicht auf den Hafen, die Tapas.

6.7 Stiftung César Manrique- Fundación César Manrique

Die **Fundación César Manrique** wurde im Jahr 1982 vom Inselkünstler mit einer Gruppe seiner engsten Freunde ins Leben gerufen und 1992 offiziell eingeweiht. Es handelt sich um eine private, kulturelle Stiftung, die sich finanziell selbst trägt, keinen Erwerbszweck hat und die künstlerische Tätigkeit im natürlichen und kulturellen Umfeld fördert.

Das Anwesen mit dazugehörigen Wirtschaftsgebäuden und Garagen wurde von César Manrique persönlich umgestaltet, um es als Museum im Rahmen seiner Stiftung zu nutzen.

Der Komplex steht auf einem 30.000 qm großem Grundstück, das von tiefschwarzen Lavaströmen durchzogen ist, die bei starken Vulkanausbrüchen in den Jahren 1730 bis 1736 entstanden sind.

Das Gebäude wurde auf fünf großen, unterirdischen Lavablasen errichtet. Die reine Wohnfläche beträgt 1.800 qm, zu denen noch 1.200 qm Terrassen und Gartenanlagen gehören.

Das obere Stockwerk ist eher schlicht, im Stil der herkömmlichen Architektur Lanzarotes gehalten, jedoch bemerkt man bei genauer Betrachtung, dass Manrique die Natur vollkommen in das Haus integriert hat. Das Untergeschoss ist pure Faszination. Fünf große Lavablasen wurden über kleine Höhlengänge durch Basaltgänge miteinander verbunden und bewohnbar gemacht. Im grünen Außenbereich befindet sich ein Erholungsbereich mit Pool, Tanzstelle, Sitzecke und Grill. Im letzten Teil des Hauses trifft man auf das große Atelier des Künstlers.

Folgend eine detaillierte Beschreibung: Die ausgeschilderte Fundación liegt an der LZ- 1in Tahiche. Bereits auf dem Parkplatz befindet sich auf der linken Seite das nächste große, weiße Windspiel. Es trägt den Namen La Energía de la Pirámida, die Energie der Pyramide. Der Blick reicht von hier bis zum Gran Hotel Arrecife und auf die weißen Dünen in Coraralejo von Fuerteventura.

Weiter geht es durch das, von Manrique entworfene Eingangstor zum Bezahlhäuschen, das sich auf der linken Seite befindet.

Vorbei an einem Lavasteinfeld mit halbrunden Lavamauern, wie im Weinanbaugebeit La Gería, folgend einem bunten Windspiel auf der rechten Seite und einer erodierten Skulptur, geht man auf den Eingang zu. An der aus dunklem, massivem Holz gefertigten Eingangstür hängt ein kleines Türschild, in Form eines Schlüssels, mit der Aufschrift Manrique. Nun betritt man den kleinen Innenhof, indem die oberen Öffnungen von zwei Lavablasen auf der rechten Seite zu sehen sind. Aus einer dieser Öffnung ragen die Zweige einer Palme. An den Wänden hängen weiße Knochen und Gegenstände, die als Dekoration dienen.

Weiter geht es links, direkt ins lichtdurchflutete Wohnzimmer mit angrenzender damaliger Küche, in der sich eine kleine

Bilderausstellung befindet. Abgesehen vom direkten, fantastischen Blick auf die Lavaströme mit den dahintergelegenen Vulkanen, fallen sofort die kreisrunden Geländer im Wohnzimmer auf. Hier besteht eine direkte Verbindung zu den darunterliegenden Vulkanblasen. Die größere, aus der ein Baum ragt, war der Erzählung nach, die Blase, die Manrique als erste im schwarzen Lavafeld entdeckt hatte. Bei näherer Betrachtung stellte er fest, dass aus einer Lavablase ein Feigenbaum wuchs.

Von der dahinterliegenden Geländerbrüstung führt eine schmale Wendeltreppe, die leider nicht zugänglich ist, direkt in die gleiche Vulkanblase, die sich unter dem Wohnzimmer befindet.

Der Rundgang geht weiter, vorbei an einer sich auf der rechten Wand befindenden Spiegelwand, nach außen. Von hier aus blickt man über die schwarzen Lavafelder bis auf die schneeweißen Strände von Fuerteventura.

Auf dem Weg zum nächsten Austellungsraum, erblickt man links unten den grünen Poolbereich des Hauses.

Im Gebäude angekommen, eröffnet der Raum durch seine große Fensterfront einen Weitblick auf die faszinierende Lavalandschaft.

Hier befindet sich eine Dokumentation aus César Manriques Werken: Mirador del Rio, Jameos del Agua, Restaurant El Diablo im Timanfaya- Nationalpark, Jardín de Cactus und Museo Internacional de Arte Contemporáneo. Weiterhin werden Ansichten eines Entwurfs des Friedhofsportals mit Garten in Cadiz, ein Grundriss des Mirador del Río, des Mirador El Palmarejo auf La Gomera, sowie Aquarellzeichnungen gezeigt.

Auf der rechten Seite des Raumes ist eine Tafel mit seinen berühmtesten Werken angebracht: 1968- Jameos del Agua in Haría, 1968- Taro de Tahíche in Teguise, 1969- Casa del Campesino in San Bartolomé, 1970- Restaurante El Diabolo im Nationalpark Timanfaya, 1971- Complejo Costa Martíanez in Puerto de la Cruz auf Teneriffa, 1973- Mirador del Río in Haría, 1974- Castillo San José in Arrecife, 1977- Auditorio De Los Jameos Del Agua in Haría, 1982- La Vaguada in Madrid, 1989 Mirador De La Peña in Valverde auf der Insel El Hierro, 1990- Jardín del Cactus in Teguise, 1991 Jadín de Palmajero in Valle Gran Rey auf La Gomera und 1992- Playa Jardín in Puerto de la Cruz auf Teneriffa.

Über den Flur, mit in weiß gehaltenen Böden und Wänden, einem in der Wand eingelassem Lavabecken über dem sich ein grüner Farn befindet, gelangt man ins Wohnzimmer des Anwesens.

Hier befindet sich frontal, ein aus Lavasteinen gefertigter Kamin und rechts daneben die Wedeltreppe, die ins Untergeschoss zu den Lavablasen führt.

Zwei Stufen führen in die nächsten zwei Räume. Im Ersten fällt sofort ein wandgroßer Spiegel auf der linken Seite auf. In zwei Ecken geht der Fliesenspiegel nicht bis zur Wand durch. Hier wurden Pflanzen in Vulkanasche eingelassen, sodass man das Gefühl hat, die Pflanzen würden aus dem Fußboden wachsen. Erneut werden die „grünen Ecken" durch, von der Decke abgehängte, Farne betont.

Der zweite Raum zeigt eine Ausstellung mit Skizzen zu Entwürfen, Zeichnungen, kleinen Skulpturen und Tonarbeiten des Künstlers.

Rechts heraus, gelangt man nun über eine, an den Seiten bepflanzte Lavatreppe, in das Untergeschoss zu den Vulkanblasen.

In der ersten Blase kommt man an einem kleinen, schwarzen Kieselsteinbrunnen vorbei und geht durch den ersten Basaltgang in die zweite Blase. Hier befindet sich eine, an der Wand entlang eingelassene, weiße Sitzgruppe mit einem Marmortisch und einer Palme davor. Faszinierend ist, dass die Palme aus der offenen Blase herausragt. Man sieht eine faszinierende Kombination an verschiedenen Farben und Lavaschichten.

In der nächsten Blase, wurden drei rote Sitzgruppen angeordnet. Nun befindet man sich direkt unter dem Wohnzimmer. Mittig steht der Baum, den Manrique, auf dem Lavafeld gesehen hatte. Im hinteren Teil der Blase führt eine schmale Wendeltreppe ins Wohnzimmer hinauf.

Vorbei an einem Badezimmer geht es weiter zum Innenhof, der ebenfalls vulkanischen Ursprungs ist und üppig mit Palmen und Kakteen bepflanzt ist. Hier befinden sich eine im Felsen versteckte Sitzgruppe, eine Grillstelle und ein kleiner, schneeweißer Pool mit türkisblauem Wasser.

Nun verlässt man die grüne Oase durch einen Basaltgang und kommt in die vierte Blase, die von 4 Eckpfeilern gestützt ist.

Der Durchgang führt nach unten in die letzte Blase. Auch hier ist wieder ein Baum mittig angeordnet, der mit seiner Spitze aus der Blasenöffnung ragt. Die Sitzgruppen und die Leuchten sind gelbweiß kariert. Erneut wurden Pflanzen mit Vulkansteinchen in den weißen Boden eingelassen.

Von der letzten Blase geht es direkt ins große, ehemalige Atelier Manriques, in dem eine permanente Ausstellung der Bilder des Künstlers stattfindet. Auf der linken Seite ragt ein großer Lavafelsbrocken ins Zimmer, der lediglich durch eine Gasscheibe von draußen getrennt ist.
Man hat das Gefühl, in einem Lavafeld zu stehen. In allen weiteren Räumen ragt aus jeweils einer Ecke ein dicker Lavabrocken.
Verlässt man das Atelier, kann man auf der rechten Seite ein von Pflanzen fast verdecktes Badezimmer sehen. Treppaufwärts liegen auf der linken Seite die Toiletten.
Der Weg führt weiter in einen großen Innenhof mit einem kleinen schwarzen Weiher. In der Mitte plätschert das Wasser aus einem Lavabrocken herunter. Ein langes, großes, buntes Wandbild des Künstlers ziert die linke Mauer. Für die Umrisse wurden kleine Vulkansteinchen und für die Innenflächen Fliesenstückchen verwendet.
Hiernach liegt auf der linken Seite, in den ehemaligen Garagen, eine Snackbar, gefolgt von einem Souvenirshop. Die angrenzenden, überdachten Sitzgelegenheiten laden zum kurzweiligen Verweilen ein.

6.8 Lagomar- Casa Omar Sharif

Das ehemalige Haus von Omar Sharif, oder wie es heute genannt wird, das **Lagomar**, liegt direkt in und vor einem Vulkan, der sich oberhalb des Dorfes Nazaret befindet. Man fährt die LZ- 10 Richtung Teguise, biegt am Schild MUSEO ein und folgt dem Straßenverlauf bis zum „abgebrochenen Berg".
Am Hang des Vulkanes, in einem alten Steinbruch, wurde in den 1970- jahren dieses einzigartige Anwesen von César Manrique entworfen und von Jésus Soto umgesetzt. Die Künstler schufen hier ein Märchen wie aus 1000 und einer Nacht.
Zur Legende: Als der Schauspieler **Omar Sharif** während seiner Dreharbeiten zum Film „Herrscher einer versunkenen Welt" das Haus besichtigte, war er von dessen Faszination so überwältigt, dass er sich sofort zum Kauf entschloss. Jedoch nach dem berüchtigten Bridgespiel, in dem Omar Sharif das Haus verloren hatte, gelang es in die Hände verschiedener Eigentümer.
Es wird erzählt, dass der Immobilienhändler über das leidenschaftliche bridgespielen Sharifs Bescheid wusste und ihn zu einem Spiel aufforderte. Ohne zu wissen, dass sein

Gegner europäischer Meister war, setzte Sharif sein neu erworbenes Haus aufs Spiel, im Vertrauen die Partie zu gewinnen. Er verlor und verließ sein Haus, das er nur einen Tag besessen hatte und kehrte nie wieder nach Lanzarote zurück. Seither ist das Anwesen als **Casa Omar Sharif** bekannt.

1984 bereiste der deutsche Architekt Dominik Böttinger die kanarischen Inseln und fühlte sich, als er auf Lanzarote ankam, von der Magie des Hauses angezogen. Nach fünf Jahren war er der neue Besitzer des Hauses und kehrte mit seiner Frau auf die Insel zurück, um die letzte Phase des Lagomars in Angriff zu nehmen.

Gefesselt von der Einzigartigkeit dieses Ortes, beschloss das Ehepaar ihn der Öffentlichkeit zugänglich zu machen. Dazu sollte in einem Teil des Steinbruches ein Restaurant entstehen. Sie hatten die Vision einen Raum zu erschaffen, der alle Sinne erfreut, in dem Kunstausstellungen, Gastronomie und Konzerte stattfinden sollten.

Da sich das Anwesen erhöht im Steinbruch befindet, genießt man eine fantastische Sicht bis Arrecife, das am Hochhaus/ Grand Hotel wiederzuerkennen ist. Nach der Besichtigung versteht man, warum sich Omar Sharif in das Anwesen verliebte.

Und wieder war es César Manrique, der dem Architektenehepaar beratend zur Seite stand, sodass das Lagomar im Jahr 1997 eröffnet werden konnte.

TIPP: Der Besuch des Anwesens ist absolut empfehlenswert und bildet eine Symbiose aus allen sehenswerten Objekten, die Manrique und Soto auf der Insel umgesetzt haben. Ein weiteres Highlight ist ein weißer Röhrentunnel, durch den man auf Holzstufen über das Wasser schreiten kann.

6.9   *Piratenmuseum im Castillo de Santa Barbara - Museo de la Pirateria*

Das Piratenmuseum befindet sich in der Burg, dem **Castillo de Santa Barbara**, in Teguise. Nähert man sich der alten Inselhauptstadt, entdeckt man das Castillo oberhalb der Stadt auf einem Vulkanberg.

Man fährt die geschlängelte Straße bis zur Burg hoch und hat direkt vor dem Eingang die Möglichkeit das Auto abzustellen. Von dort genießt man einen wunderbaren Blick über Teguise. Bei klarer Sicht blickt man auf Costa Teguise, Arrecife, Fuerteventura und die Feuerberge bis hin auf die Insel Graciosa.

Um damals die Inselbevölkerung vor Piratenangriffen zu schützen, baute man im 16. Jahrhundert eine Festung auf den Überresten eines kleinen Forts aus dem 14. Jahrhundert auf.

Jedoch wurden der Festung durch die Belagerung von Piraten so große Schäden zugefügt, dass die spanische Krone die Rekonstruktion der Burg veranlasste. Nach 10- jähriger Bauzeit wurde das Castillo 1596 fertig gestellt. Im Jahr 1991 wurde die Burg nach zweijähriger Renovierung zu einem Museum umfunktioniert.

Der Zugang erfolgt über eine breite Steintreppe mit dicken Metallketten als Geländer, dann über eine kleine Zugbrücke und führt direkt in den Innenhof. Auf der linken Seite liegt, etwas versteckt, die Kasse. Nach der Bezahlung erhält man einen Flyer mit kurzen Informationen zur Geschichte.

Die Ausstellung bietet alles, was hier über Piraten zusammengetragen werden konnte: Segelschiffmodelle, darunter ein Kriegsschiff aus dem 18. Jahrhundert mit Minikanonen an Bord, einer alten Schiffsglocke, einem Lot, einem Sextanten und unter anderem auch alte Revolver.

Weiterhin schmücken bunte Plakate mit kurzen Informationen über folgende Piraten die Räume: Francis Drake, Jean Fleury, Woodes Rogers, Walter Reigeigh, Morato Arráez, Le Clerc und Sores, George Clifford, Robert Blake, Tabacc Arraez und Soliman. Die Plakate sind leider nur auf Spanisch und Englisch geschrieben.

Im Untergeschoß des Gebäudes findet eine Filmvorführung mit dem Titel Nelson en Canarias, wie Admiral Nelson Santa Cruz auf Teneriffa eroberte, statt.

Vom Obergeschoss hat man erneut einen fantastischen Blick über die ganze Insel.

6.10 *Das Bauerndenkmal- Monumento al Campesino*

Das Bauerndenkmal **Monumento al Campesino** befindet sich an der Landstraße LZ- 20, in der Gemeinde San Bartolomé und liegt im geographischen Zentrum der Insel, von dem man Zugang zu allen Punkten der Insel hat. Bereits aus der Ferne erblickt man die große weiße Skulptur, die das Wahrzeichen dieses Ortes ist. Sie steht auf einem Lavasteinhügel, ist nur 15 Meter hoch, sticht aber umgehend ins Auge.

Nach der Entwurfszeichnung von **César Manrique**, die auch in der Fundación CM zu sehen ist, wurde die Konstruktion im Jahr 1968 von Jésus Soto, seinem engsten Mitarbeiter, realisiert. Die aus Wassertanks alter Fischerboote zusammengeschweißte Skulptur, wird als **Fruchtbarkeitsdenkmal** bezeichnet und stellt einen Bauern mit seiner Herde dar.

Direkt hinter dem Monument befindet sich das Bauerndorf. Die Anlage ist pittoresk weiß, klein und gepflegt. Man folgt dem Weg nach rechts.

Die Räume des Dorfes sind dem traditionellen Handwerk der Insel gewidmet.

Aktuell werden Workshops angeboten, in denen die kanarischen Mojosoßen zubereitet werden können.

Im Obergeschoss trifft man auf Modellbauten aller Kirchen Lanzarotes, sowie auf Tonfiguren, Krüge und Figurenensembles des Künstlers Juan Brito Martín, der im Februar 2018 im Alter von 98 Jahren verstarb.

Im Souvenirshop findet man neben den normalen Mitbringseln auch unterschiedliche Weine aus 10 Weingütern der Insel zu angemessenen Preisen: La Grieta, Martinon, El Grifo, Reymar, Vulcano, Rubicon, Vega del Yuco, Bermejos, Yaiza und Guiguan.

Die große Wendeltreppe in der Mitte des Bauerndorfes führt durch ein „schwarzes Erdloch" in den unteren Teil des Komplexes. Der anschließende Lavasteingang endet in einem großen Restaurant, das in erster Linie von organisierten Busrundreisen zur Mittagspause genutzt wird.

Schreitet man nun die große Treppe hoch, gelangt man in das Café des Monumento al Campesino.

Das schöne Ambiente lädt zum verweilen ein. Die Preise sind angemessen, sodass man am Wochenende überwiegend Insulaner antrifft. Neben traditionellen Gerichten bietet die Speisekarte über 30 Tapas, von denen eine kleine Auswahl in der Theke präsentiert wird: marinierte Oliven, eingelegter Käse und Fisch, marinierte Thunfischwürfel, Fischrogen, Stockfisch, Pulpo, marinierte Tomaten, russischer Salat und mit Thunfischsalat gefüllte Tomaten.

6.11 *Casa Amarilla - Arrecife*

Die **Casa Amarilla**, das gelbe Haus, befindet sich in der Calle León y Castillo, am Anfang der Haupteinkaufsstraße in Arrecife.Das Gebäude war der ehemalige Sitz der Inselregierung, das in den 1920- Jahren erbaut, 2002 zum Kulturgut vom besonderen Interesse erklärt und in 2014 saniert wurde.

In den Ausstellungsräumen finden temporal wechselnde Präsentationen statt, die die Inselgeschichte widerspiegeln.
Öffnungszeiten: Mo- Fr: 10.00- 22.00 Uhr, Sa von 10.00- 14. 00 Uhr. Weitere Informationen zur Ausstellung erhalten Sie unter: www.cactlanzarote.com

7   La Graciosa- Die kleine Perle vor Lanzarote

Die 27 Quadratkilometer kleine Insel liegt an der Nordküste vor Lanzarote. **La Graciosa** war bis zum Ende des 19. Jahrhunderts unbewohnt, danach wurde eine kleine Fischfabrik erbaut und die ersten Menschen siedelten sich an. Ab jenen Moment überwanden die Einwohner die schwierigen Lebensbedingungen, die eine Insel ohne Trinkwasser, mit starken Winden und schwer bebaubarem Land, mit sich brachte. Jahrelang war der traditionelle Fischfang die einzige Einnahmequelle die voraussetzte, dass man den **El Río**, die Meeresenge zwischen Lanzarote und La Graciosa, überquerte, um den Fisch zu verkaufen und vom Erlös Trinkwasser und andere Nahrungsmittel zu erwerben.
Aktuell leben auf der Insel 700 Menschen. In den Sommermonaten gesellen sich noch um die 4000 Touristen hinzu. Die überschaubare Gemeinde besitzt stattliche 150 Autos. Im Hauptort, der **Caleta del Sebo**, findet man ein kleines Arztcenter, eine Post, eine Apotheke, einen Fischladen, die Hafenverwaltung und ein Gesundheitszentrum. Seit kurzem haben mehrere Restaurants, sowie ein Aloe Vera Museum eröffnet.
La Graciosa kann man sich bereits von Lanzarote ansehen. Vom Mirador del Río genießt man einen fantastischen Bilck auf die Insel, sowie auf die dahinterliegenden, unbewohnten Inseln Montana Clara, Roque del Oeste und Alegranza.
Von Órzola setzt man mit der Fähre von Lineas Maritimas Romero über. Es befinden sich ausreichende Parkmöglichkeiten am Anleger, die durch Parkeinweiser zugewiesen werden. Nach dem Erwerb des Tickets, kann man sofort die Fähre betreten. Die Überfahrt dauert nur 30 Minuten.
Die ersten 10 Minuten sind, je nach Wellengang, etwas wackelig, nach den großen Felsen am Ende von Lanzarote begibt sich das Schiff in seichtere Gewässer.
Im Hafen angekommen, kann man die Insel zu Fuß, mit dem Leih- Fahrrad, oder geführt mit dem Jeep erkunden.
Zu Fuß sind es zum ersten Strand, dem El Salado nur 700 Meter, die man in 10 Minuten zurücklegt.

Den zweiten Strand, La Francesa, der sich im Süden befindet, erreicht man nach 2,8 Km in 40 Minuten, sowie den südlichsten Strand, Playa de La Cocina, nach 3,8 Km in 55 Minuten.

Zur südlichsten Spitze El Pobre gelangt man nach 7,4 Km in 2 Stunden.

Zur Senke El Corral, die im Westen der Insel liegt, sind es 4 Km, die man ab dem Hauptort in 1 Stunde und 10 Minuten erreicht.

Zum Strand Las Conchas sind es 5,1 Kilometer, für die man 1 Stunde und 20 Minuten benötigt. Nach Pedro Barba sind es 6,4 Kilometer, die man in 1 Stunde und 40 Minuten schafft.

Mit dem Fahrrad, der Verleih liegt direkt gegenüber des Anlegers, geht es natürlich schneller, aber man sollte bedenken, dass es sich lediglich um Sandwege handelt. So sind es dann zum El Salado 4 Minuten, zum La Francesa 15 Minuten, zum El Corral 30 Minuten, zum Las Conchas 35 Minuten, zum Pedro Barba 40 Minuten und zum El Pobre 50 Minuten. Im Hafen werden auf der rechten Seite die Jeep-Touren angeboten.

Angeboten werden einfache, hin- und zurück Fahrten, zu Stränden, die je nach Entfernung und Personenzahl, bei den Jeep- Fahrern zu erfragen sind.

7.1   La Graciosa- Die komplette Insel-Tour

Die Abfahrtstation der Jeeps befindet sich im Hafen auf der rechten Seite. Nicht wie auf dem Plakat angegeben, machen die autorisierten Fahrer die ganze Inselrundfahrt für 50,00 €. Die Tour für die rechte oder linke Inselseite kostet jeweils 50,00 €, für die gesamte Tour werden 100,00 € verlangt.

Die gesamte Inseltour beinhaltete folgende Orte:
* Pedro Barba
* Playa Lambra
* Caleton de los Arcos
* Playa de las Conchas – bis hier würde die halbe Inseltour gehen
* Baja Corral
* Caleton de las Hurtas
* Montaña Amarilla
* La Laguna
* Playa Francesa

Die Tour startete durch den Hauptort Caleta del Sebo der Insel.

Eine Sandpiste führt durch den Ort nach **Pedro Baba**, einem winzigen Ort mit einigen Häusern, die laut Aussage des Jeepfahrers, nur in den Sommermonaten bewohnt werden.

Pedro Barba war der erste bewohnte Ort auf der Insel. Am Ende der kleinen Siedlung steht ein Haus, das damals eine Schule für 4 Schüler beherbergte, dahinter befindet sich der Friedhof.

Nach einer kurzen Pause geht es Richtung **Playa del Ambra** weiter. Dieser Inselabschnitt ist vergleichbar mit der schneeweißen Dünenlandschaft in Corralejo, im Norden Fuerteventuras, jedoch als Miniaturausgabe.

Der nächste Stop findet vor dem **Caleton de Los Arcos** statt, zudem man zu Fuß vom Guide geleitet wird. Das Naturschausoiel erinnert an Los Hervideros auf Lanzarote.

Auf der Weiterfahrt, Richtung **Montaña Bermeja**, entlang der Küste, wird der traumhafte Sandstrand, die **Playa de las Conchas**, angefahren.

Über die **Baja del Corral** und dem **Caleton de las Hutras** führt die Tour zum **Montaña Amarilla**.

Da die Auto- Piste nicht komplett um die Insel führt, fährt der Jeep die gesamte Strecke zurück, Richtung Ausgangspunkt, mit dem neuen Ziel **Playa Francesa**.

Fährzeiten: www.lineasromero.com

Órzola- La Graciosa: 8.30/ 10.00/ 11.00/ 12.00/ 13.30/ 16.00/ 18.00 Uhr. Vom 01. Mai bis zum 31. Oktober 19.00 Uhr und vom 01. Juli bis 20. Oktober 20.00 Uhr.

La Graciosa- Órzola : 8.00/ 8.40/ 10.00/ 11.00/ 12.30/ 15.00/ 16.00/ 17.00 Uhr, sowie vom 01. Mai bis zum 31. Oktober um 18.00 Uhr und vom 01. Juli bis zum 20. Oktober um 19.00 Uhr.

8   Weinanbaugebiet La Geria

Das über 5 Hektar große **Weinbauangebiet La Geria** befindet sich im Zentrum der Insel und erstreckt sich zwischen den Orten Yaiza und San Bartolomé, am Rande des Timanfaya- Nationalparks. Es ist das größte Weinanbaugebiet auf den kanarischen Inseln und wurde zum Naturschutzgebiet erklärt.

Bei den schweren Vulkanausbrüchen in den Jahren 1730 bis 1736 kam in diesem Gebiet eine bis zu 2 m dicke Vulkanascheschicht nieder. Diese Schicht aus kleinen Lavasteinchen nennt man Picón. Sie besitzt die Eigenschaft, dass die geringe Feuchtigkeit, die sich bei starker

Wolkenbildung ergibt, nicht abfließt, sondern sofort im Boden versickert und so von den Pflanzen aufgenommen werden kann.

Diesen Vorteil machten sich, sowohl damals als auch heute, die Insulaner zugute, um Wein anzubauen. Um die Reben vor den kontinuierlichen, unterschiedlichen starken Winden zu schützen, wurde um jede Pflanze eine halbkreisförmig, niedrige Mauer aus Lavasteinen angelegt. Somit ist das gesamte Gebiet von La Geria von diesen steinernen in der Mitte mit Weinreben umschlossenen Halbkreisen, bis in die Vulkanberge hinein, übersät.

Genauso verfährt man auch heute noch, um Getreide und Gemüse anzupflanzen, nur dass man außerhalb dieses Gebietes die Lavasteinchen auf Felder schüttet, um sie nutzbar zu machen. Deshalb sollte man sich außerhalb dieses Gebietes nicht wundern, dass man immer wieder große schwarze Lavafelder vorfindet. Die beeindruckende Fahrt durch das Weinbauangebiet führt vorbei an vielen kleineren und größeren Bodegas: El Campesino, El Grifo mit Weinmuseum, Stratus, Rubicon und La Geria.

Tipp: Besuchen Sie das Weingut, die **Bodega Los Bermejos**, mit prämierten Weinen. Am Monumento al Campesino biegen Sie links Richtung La Geria auf die LZ-30 ab. Kurz nach dem Ortsschild El Islote, folgt eine Gabelung der Straße, mit dem Hinweis auf das Weingut.

Weinverköstigungen werden auf Nachfrage angeboten. Los Bermejos ist in weiß, rosé und rot, sowie als Sekt erhältlich. Laut vielen Lanzaroteños ist es der beste Wein der Insel.

9 Die Feuerberge
9.1 Wallfahrtskirche Ermita de Los Dolores

Die Wallfahrtskirche, **Ermita de Nuestra Señora de Los Dolores**, gilt auf Lanzarote als das Zentrum der Marienverehrung und ist eine der wichtigsten auf den kanarischen Inseln. Sie befindet sich in Ort Mancha Blanca, der zu der Gemeinde Tinajo gehört.

Laut Geschichte: Im September des Jahres 1730 öffnete sich die Erde im Timanfayagebiet, sodass Lavaströme die Dörfer und die fruchtbaren Täler in dieser Zone zerstörten. Es starteten Vulkanausbrüche, die fünf Jahre anhielten. Im Jahre 1735 bewegten sich die glühenden Lavaströme über den Ort Mancha Blanca auf Tinajo zu.

Aus Angst vor der Zerstörung ihrer Häuser, schritten die Bewohner des Dorfes in einer Prozession, unter der Leitung des Pfarrers Esteban de la Guardia, mit der Statue der Virgen de Los Dolores, auf die Lava zu. Einer der Wallfahrer rammte ein schweres Holzkreuz vor dem Lavastrom in die Erde und die Lava kam zum Stillstand. Aus Dankbarkeit gelobten die Bewohner von Tinajo an dieser Stelle der Jungrau eine Wallfahrtskirche zu errichten.

Jahre später erschien die Jungfrau dem Schäfermädchen Juana Rafaela und erinnerte an dieses Versprechen. Die Bewohner beantragten im Jahre 1779 die Genehmigung zum Bau der Kirche, die im Jahre 1782 fertig gestellt wurde.

Jedes Jahr findet die Wallfahrt zu Ehren der Madonna am 15. September statt. Da samstags prozessiert wird, kann sich das Datum um einige Tage verschieben.

In der Kirche hält der Priester die heilige Messe ab, danach wird die Statue vor die Kirche getragen, wo die Festlichkeiten beginnen.

Das verschlafene Dorf verwandelt sich an diesem Tag in eine Mischung aus Prozession, Kirmes und Markt.

Viele Lanzaroteños kleiden sich für die Wallfahrt, die **Romería de Los Dolores**, in typischer Landestracht und pilgern von ihren Wohnorten, in Gruppen zu Fuß, nach Mancha Blanca.

In den letzten Jahren hat sich das bunte Treiben, zu einem Event mit angeschlossener kleiner Kirmes und mehreren Buden entwickelt. Auch die große Kunsthandwerkerausstellung, die **Feria de Artesania de Lanzarote**, findet zur gleichen Zeit statt.

Tipp: Die kleine, schlichte Kirche ist auf jeden Fall einen Besuch wert, da sie zur Geschichte Lanzarotes gehört. Sollten Sie um den 15. September auf der Insel sein, erkundigen Sie sich nach dem genauen Datum der Romeria und schauen sich das sehenswerte Spektakel an.Ebenfalls interessant ist der Kunsthandwerkermarkt, auf dem nicht nur die Lanzaroteños, sondern auch die Bewohner der kanarischen Nachbarinseln, ihre handgemachten Werke verkaufen.

Übrigens: Seit September 2016 bieten auch die großen Reiseveranstalter Ausflüge zu dieser Kunsthandwerkermesse an.

9.2 Timanfaya Besucherzentrum- Centro de Visitantes

Das **Besucherzentrum** liegt am Timanfaya- Nationalpark. Der große, weiße Gebäudekomplex sticht sofort aus der dunklen Lava und den Geröllmassen heraus.
Der Beginn des Nationalparks ist einfach zu erkennen, da der von César Manrique entworfene Feuerteufel leicht erhöht auf einem Lavasteinberg thront. Man trifft auf eine große Ausstellung zum Thema Vulkane, zudem man sich im 30-Minuten Takt eine Filmvorführung zum Thema Vulkaneruptionen anschauen kann.
Der Eintritt ist frei. Das spektakulärste an diesem Zentrum ist, dass es möglich ist, sich einfach auf eine Bank in einem Lavafeld zu setzen. Hierzu geht man am Ende der Ausstellung durch die Glastür, die sich auf der rechten Seite befindet und gelangt auf einen Holzsteg. Dieser führt durch eine beeindruckende, totenstille, fast unwirkliche Landschaft. Am Ende des Stegs stehen zwei Holzbänke, die zum Verweilen einladen.
Tipp: Hinsetzen, den Blick bis zu den Vulkanen genießen und die Seele baumeln lassen… Absolut empfehlenswert ist die, durch das Zentrum kostenlos angebotene **Tremesana-Wanderung**, die durch den Timanfaya- Nationalpark führt.

9.3 Timanfaya Feuerberge- Montañas del Fuego

Die **Montañas del Fuego**, die Feuerberge, oder auch Timanfaya genannt, liegen im Südwesten der Insel und gehören zu einem großen Gebiet, das durch Vulkanausbrüche zwischen 1730 und 1736 und später im Jahr 1824 betroffen wurde. Dieser lange, eruptive Prozess änderte das Erscheinungsbild der Insel drastisch. Nahezu ein Viertel Lanzarotes wurde unter einer dicken Schicht aus Lava und Asche begraben.
Die Vulkanlandschaft hat einen Gesamtumfang von 174 Quadratkilometern, jedoch nimmt der als Nationalpark geschützte Teil, in denen die bedeutesten Ausbrüche stattfanden, nur eine Fläche von 51 Quadratkilometern ein. Diese erstreckt sich von Osten, von der Ortsgrenze Yaiza bis zum Montaña Timanfaya, die Westgrenze bildet die Küste. Hier entstanden 32 Vulkankegel.
Die besonderen klimatischen Bedingungen der Insel führten dazu, dass die vulkanische Landschaft so gut wie immer noch unverändert ist und das **Timanfayagebiet 1974 zum Nationalpark** erklärt wurde.

Zwischen den Jahren 1726 und 1730 herrschten starke Erdbeben und unterirdisches Grollen, das bei den Einwohnern Panik hervorrief. Auf der Suche nach Schutz begaben sie sich nach Teguise und Arrecife. Der Ausbruch begann gegen Ende des Sommers 1730, am Abend des ersten Septembers. Die Ereignisse von damals sind in den Chroniken eines außergewöhnlichen Augenzeugen niederlegt worden, dem **Pfarrer von Yaiza**, Don Andres Lorenzo Curbelo.

Er schilderte: „Zwischen neun und zehn Uhr abends öffnete sich mit einem Male in der Nähe von Timanfaya, nur 2 Meilen von Yaiza, die Erde. Während der ersten Nacht erhob sich ein gewaltiger Berg aus dem Schoss der Erde und aus seinem Gipfel entflohen Flammen, die 19 Tage brannten".

Das war der Anfang des wichtigsten vulkanischen Prozesses der Kanaren. Er währte sechs Jahre mit unterschiedlich wechselnder Intensität und wurde von Lavaflüssen, mit einer Temperatur von mehr als 800 Grad und gewaltigen Ascheregen, die jegliches Leben auslöschten, gezeichnet.

Im historischen Manuskript des Pfarrers ist folgender Bericht zu lesen: „Am 18. Oktober 1730 bildeten sich drei neue Öffnungen über Santa Catalina und aus ihnen entstiegen Dampfmassen, die sich über die ganze Insel ausbreiteten, in Begleitung von Schlacke und Asche, die sich in der gesamten Umgebung verteilte. Die Explosionen, die diese Phänomene begleiteten, die durch Aschemassen produzierte Dunkelheit und der Rauch, der die gesamte Insel einhüllte, trieben mehr als einmal die Einwohner von Yaiza in die Flucht".

Heute, fast 300 Jahre später, pulsiert immer mehr Leben inmitten der Lava. Es wurden an die 800 Tier- und Pflanzenspezies registriert. Der Großteil davon auf dem Land, die übrigen im Meer. Unter den Organismen, die direkt auf Felsen leben, befinden sich in erster Linie Vögel, Eidechsen und vor allem verschiedene Flechtenarten, sowie einige nachtaktive Insekten, die sich von mikroskopisch kleinen Partikeln ernähren, die vom Wind heran getragen werden. Es handelt sich in erster Linie um Käfer und Grillen, die möglicherweise eine große Ähnlichkeit zu den Arten hatten, die vor Millionen von Jahren auf die Insel gelangten, als Lanzarote aus dem Meer auftauchte.

1824 fanden die letzten Vulkanausbrüche statt. Ihnen ging eine 10 Jahre lange Periode voraus, in der auf der Insel zahlreiche Erdbeben mittlerer Intensität registriert wurden. Die Besonderheiten dieser Eruptionen waren die Dünnflüssigkeit der Lava und die enormen Säulen kochenden

Salzwassers, die in einer Höhe von bis zu 30 Metern aus den Kratern herausschlugen und die Gegend überschwemmten.

In dieser Phase bedrohte der letzte der Lavaströme das Dorf **Mancha Blanca**. Aus der Not heraus, liehen sich die Bewohner die Statue der Virgen de Los Dolores, der Kirche im benachbarten Ort Tinajo, aus. Und das Wunder geschah. Ein Holzkreuz wurde in die glühende Lava gerammt, die kurz darauf zum Stillstand kam.

9.4   Eiland Hilario- Islote de Hilario

Entlang des Timanfaya entwickelten sich ungewöhnliche, aus der Erde stammende Temperaturen auf der Oberfläche, die die Vulkanforscher als geothermische Anomalien bezeichnen. Das Zentrum befindet sich oben auf dem Eiland Hilario, auf dem den Zuschauern mehrere Vorführungen präsentiert werden.Der Legende zufolge trägt das Eiland seinen Namen von **Hilario aus Lanzarote**, der dort allein mit seiner Kamelstute wie ein Einsiedler lebte. Hilario pflanzte einen Feigenbaum, der gedieh, aber niemals Früchte trug, weil „die Blüte sich nicht von der Flamme ernähren konnte".

Eine Hommage an die Legende befindet sich im Restaurant El Diablo. Im Inneren sieht man einen offenen, verglasten Kreis mit Kamelknochen und dem Geäst eines Feigenbaums auf schwarzem Picon.

9.5   Timanfaya- Vulkanroute- La Ruta de los Volcanes

Im Inneren des Nationalparks erstreckt sich eine über 14 Km lange Route, die **ausschließlich mit dem Bus** befahren wird. Sie wurde 1968 unter der Leitung von César Manrique und seinem Partner Jésus Soto realisiert. Die Linienführung der Straße ist harmonisch der Landschaft angepasst und verläuft entlang der Vulkanausbruchszone. Auf der beeindruckenden Tour sieht man an kleine Öfen, Höhlen und stark erodiertes, trockenes, unfruchtbares Land. Wichtige Information: Nachdem man im Nationalpark Timanfaya mit dem Auto angekommen ist und den Eintritt bezahlt hat, fährt man hoch bis zum Sammelparkplatz. Dort steigt man mit seinem Eintrittsticket in die Busse des Nationalparks ein, um durch die einzigartige Vulkanlandschaft gefahren zu werden. Entgegen mancher Behauptungen existiert keine andere Möglichkeit. Gäste, die mit organisierten Busfahrten unterwegs sind, steigen auch nur wieder in ihren Reisebus ein, der die gleiche Strecke abfährt. **Übrigens:** Der Reiseveranstalter TUI bietet seit 2016 einen speziellen

Ausflug in den Abendstunden an, an denen die Gäste, an einer Stelle im Nationalpark aus dem Bus steigen können. Dieser Ausflug ist gleichzeitig mit einem Abendessen im Timanfaya- Restaurant gekoppelt, das im Preis inkludiert ist, aber keine Menüauswahl zulässt.

9.6 Timanfaya- Restaurant El Diablo

Im Jahr 1970 wurde das **Restaurant El Diablo** unter der Leitung von César Manrique genau an dem Punkt errichtet, an dem die thermischen Anomalien am stärksten sind. Es liegt auf dem Islote del Hilario im Timanfaya- Nationalpark und wurde vor der Erklärung des Gebiets zum Nationalpark gebaut.

Gekocht wird mit natürlicher Erdwärme. Der Küchenherd ist ein sechs Meter tiefes Loch, in Form eines Brunnens, aus dem Hitze aufsteigt, um darüber auf einem großen Rost das Grillgut zu garen. Für den Bau wurden ausschließlich Materialien verwendet, die den hohen Temperaturen standhalten. Im runden Restaurant genießt man durch die großen Fensterflächen eine fantastische Aussicht auf das Timanfayagebiet.

Zu den Spezialitäten gehören halbe, gegrillte Hähnchen, Sardinen, marinierte Hähnchenschenkel, Hähnchenbrust, gemischte Spieße, Entrecote, Rinderfilet und Lammkoteletts. Alle Gerichte werden mit Gemüse der Saison, einer halben Grillkartoffel und Aiolisoße serviert.

Wichtig: Ein Besuch des Restaurants ist nur in Verbindung mit dem Eintrittspreis für den Nationalpark möglich.

9.7 Nationalpark Timanfaya- auf eigene Faust oder organisiert?

Grundsätzlich bestehen zwei Möglichkeiten sich die Feuerberge anzusehen: Auf eigene Faust im Mietwagen oder mit einer organisierten Busreise.

Das Timanfayagebiet befindet sich im Südwesten von Lanzarote und gehört zur Gemeinde Yaiza. Der von César Manrique entworfene Feuerteufel, signalisiert den Beginn des Naturschutzparks Timanfaya, dem Parque Nacional Timanfaya.

Je nach Besucheransturm kann es zu langen Autoschlangen nach dem Tickethäuschen im Park kommen, sodass man sich auf Wartezeiten von bis zu 45 Minuten einstellen muss. Mit dem Reisebus ist es problemloser, da diese sofort durchgelassen werden.

Nach dem Tickethäuschen fährt man bis zum Parkplatz hoch, stellt das Fahrzeug ab und geht in Richtung Restaurant, vor dem Vorführen durch Angestellte des Nationalparks stattfinden.

Um die immense Hitze des Erdreiches zu demonstrieren, bekommt man kleine Steinchen in die Hand gelegt. Danach wird Stechginster verbrannt und imposante Wasserfontänen aus Erdlöchern gelassen.

Am Ende der Vorführung wird man zu einem Riesengrill geleitet, auf dem in einem sechs Meter tiefen Brunnen, Hähnchenschenkel, Spieße und Würstchen, ausschließlich mit Erdwärme gegrillt werden.

Gäste der organisierten Reisen kehren zurück in die Reisebusse, die Autofahrer steigen in die Sammelbusse des Nationalparks um. Leider ist es nicht mehr möglich, mit dem Auto selbst durch das Gebiet zu fahren. Vor Abfahrt wird die Eintrittskarte vom Busfahrer entwertet.

Dann folgt eine 45- minütigen Reise durch die faszinierende Timanfaya Landschaft. Der Weg, den man mit dem organisierten Reisebus oder mit dem Sammelbus zurücklegt, ist identisch. Eine andere Wegführung existiert nicht!

Im Timanfaya- Sammelbus wird nun eine 3 sprachige CD mit der Geschichte zu den Vulkanausbrüchen mit musikalischer Untermalung eingelegt. Die Sprachen sind spanisch, englisch und deutsch.

An der Endstation angekommen besteht noch die Möglichkeit im Souvenirshop einzukaufen. Die geführten Touren lassen ihren Gästen in den meisten Fällen noch 30 Minuten bis zur Weiterfahrt Zeit.

Anders ist es für diejenigen, die mit dem eigenen Fahrzeug unterwegs sind. Nach Lust und Laune kann man sich erneut die Feuervorführungen ansehen, oder auch im Restaurant „El Diablo" essen gehen.

Wissenswert: Möchte man den Timanfayabesuch mit einem Abendessen kombinieren, sind nur organisierte Busausflüge möglich, die vor Ort gebucht werden können. Beachten Sie, dass diese Ausflüge mehrsprachig sein können und das Essen nicht á la carte angeboten wird.

9.8 Kamelritt- Echadero de los Camellos

Der **Echadoro de los Camellos**, der Kamelruheplatz, befindet sich an der Hauptstraße, die durch das Timanfaya-Naturschutzgebiet führt.

Umgehend erblickt man wartende Kamele, besser gesagt Dromedare und Karawanen, die sich mit Touristen auf den Höckern, auf den Weg machen, um sich kostenpflichtig durch die Lavalandschaft schaukeln zu lassen.

Auf der rechten Seite des Parkplatzes befinden sich ein kleines Snack- Café mit der Möglichkeit Souvenirs einzukaufen, öffentliche Toiletten, sowie ein kleine, kostenfreie Ausstellung zum Thema: Timanfaya und Kamele-, wie die Tiere eingesetzt wurden, um die Arbeit in der Landwirtschaft zu erleichtern.

10 Lago Verde- Laguna de los Clicos

Im Süden, kurz vor dem Fischerort El Golfo, befindet sich der **Lago Verde** mit der **Laguna de los Clicos**. Um den, auf Deutsch übersetzt „grünen See" zu entdecken, fährt man die Straße nach El Golfo runter und parkt kurz vor Ortseingang auf der linken Seite.

Am Ende des Parkplatzes beginnt der Weg, der bergauf nach ca. 10 Minuten zum See führt.

Die Lagune befindet sich sichelförmig im Bogen eines teilweisen, im Meer versunkenen Vulkankraters, in etwa dreißig Meter Entfernung zur Küste. Die leuchtend grüne Farbe hat der See dem Einfluss der Alge Ruppia Maritima zu verdanken, die im extrem salzhaltigen Wasser der Lagune optimale Lebensbedingungen findet.

Obwohl die Lagune unterirdisch mit dem Meer verbunden ist und immer wieder mit frischem Meerwasser aufgefüllt wird, verdunstet sie immer mehr und hat schon einen beträchtlichen Teil ihrer ursprünglichen Größe eingebüßt. Der See wurde unter Naturschutz gestellt und ist mit Seilen abgesperrt. Das Betreten und Baden ist nicht gestattet. Dennoch sollte man sich das farbenreiche Naturschauspiel nicht entgehen lassen.

Nach einem Ausflug nach Lago Verde bietet sich ein Abstecher nach El Golfo geradezu an. Im kleinen Fischerdorf grenzt ein Fischrestaurant an das andere.

11 Los Hervideros

An der Südwestküste, zwischen den Salinen de Janubio und dem Fischerort El Golfo, befinden sich die bizarren Felsformationen **Los Hervideros**.

Hervidero bedeutet auf Deutsch „brodeln", sodass es offensichtlich ist, warum dieser Küstenabschnitt so genannt wird. Gerade wenn die rauen, hohen Wellen des Atlantiks gegen die Gesteinsmassen schlagen, hat es den Anschein, als ob das Wasser immer noch kocht.

Die Landschaft entstand bei den letzten großen Vulkanausbrüchen zwischen 1730 und 1736, als sich die heißen Lavamassen des Timanfayas ins Meer ergossen und rapide erstarrten.

Auf schmalen Wegen gelangt man in die kleinen, ausgebauten Plattformen, von denen man das Spektakel, aber nur bei rauer See, aus nächster Nähe beobachten kann.

Ausschließlich bei starker Brandung erlebt man ein fantastisches Naturschauspiel der herannahenden Wellen, die sich durch die Felsplatten zwängen und als meterhohe Fontänen in die Luft schießen. Im Hintergrund beeindrucken die hohen Vulkankrater der Montañas del Fuego.

12 Salinen von Janubio- Las Salinas de Janubio

Auf Lanzarote existieren nur noch zwei Salinen, im Norden sind es die Salinas del Río, im Westen die **Salinas de Janubio**. Oben an der Hauptstraße hat man einen wunderbaren Blick über die gesamte Anlage.

Die Salinen von Janubio sind die größten der kanarischen Inseln und zählen zu den bedeutesten der Welt. Sie existieren seit 1895, wurden von dem Salinenbauer Victor Fernandez geplant, sind aus vulkanischem Gestein gebaut und stehen unter Denkmalschutz.

Damals wurde das Wasser von 5 Windmühlen mit Schaufelrädern, die auf unterschiedlich hohen Steinsockeln standen, aus der Lagune geholt. Inzwischen geschieht dieses durch Elektromotoren.

Das Wasser läuft durch den Hauptkanal und gelangt über Nebenkanäle in die unterschiedlichen Verdunstungsbecken. Danach erfolgt die mehrmalige Umfüllung in andere Becken, wodurch der ursprüngliche Salzgehalt von 4 auf 20 % gesteigert wird. Dann wird das Wasser in Kristallisationsbecken umgefüllt. Nach ca. 3 Wochen trennt sich das Salz von der Sole. In den Monaten März bis Oktober wird dieser Prozess bis zu 14 Mal wiederholt. Das Salz wird in

seitlichen Gräben getrocknet und gereinigt, bis es zur nächsten Flutung des Beckens kommt. Von November bis Februar finden Ausbesserungsarbeiten an der Anlage statt.
Fahren Sie die asphaltierte Straße zu den Salinen herunter, besteht die Möglichkeit Salz zu kaufen. Eine 500 Gramm Packung Salz kostet nur 0,50 € und ist ein besonderes Mitbringsel zum kleinen Preis. Wer mehr investieren möchte, erhält das begehrte Flor de Sal für 7,00 €.

13   Lanzarote- Fuerteventura

Zwei Inseln, die so dicht beieinander liegen und nicht unterschiedlicher sein könnten. Bereits von Puerto del Carmen und vielen Aussichtspunkten sieht man aus der Ferne die schneeweißen Dünen von Corralejo auf **Fuerteventura**.

Das ist nicht verwunderlich, da Fuerteventura nur 15 Km von Lanzarote entfernt ist. Es stehen mehrere Möglichkeiten zur Verfügung, um sich den schneeweißen Sand, die riesigen Sanddünen und das türkisfarbene Wasser anzusehen:
Die einfachste ist, einen organisierten Ausflug mit dem Ziel Fuerteventura- Corralejo und die Dünen zu buchen. Mit dem Glasbodenboot geht es vom Hafen in Playa Blanca nach Fuerteventura. Meistens wird im Zentrum von Corralejo ein Shopping- Stopp eingelegt, wonach man mit der Gruppe im Bus zu den Dünen und zum Strand gefahren wird. Nach weiterer Verfügungszeit mit der Möglichkeit zum Baden, wird man wieder zum Hafen von Corralejo gebracht, setzt erneut mit dem Boot über und wird zu den Hotels auf Lanzarote gebracht.
Die zweite Möglichkeit wäre, dass man in Eigenregie mit den Auto- Fähren von Armas oder Fred Olsen, jeweils in nur 30 Minuten, oder mit dem Glasbodenboot in ca. 45 Minuten, nach Fuerteventura übersetzt. Angekommen auf Fuerteventura, nimmt man ab dem Hafen ein Taxi oder fährt mit dem öffentlichen Bus zu den Dünen. Die Taxipreise sind human, und da die Dünen nicht allzu weit entfernt sind. Der Busbahnhof befindet sich direkt auf der Rückseite des Hafengebäudes.
Hat man bereits auf Lanzarote ein Auto angemietet hat, bietet sich je nach Mietwagenverleiher die Option, den Wagen für einen Tag nach Fuerteventura mitzunehmen. Das wäre die einfachste und unabhängigste Art die Insel zu erkunden, jedoch sollte der Preis für die Überfahrt plus Auto bei den Fähranbietern berücksichtigt und verglichen werden.

Fährzeiten und Preise unter www.navieraarmas.com oder www.fredolsen.es

Armas:
Playa Blanca- Corralejo: 7.00- 9.00- 11.00- 13.15- 15.00- 17.00- 19.00 Uhr
Corralejo- Playa Blanca: 8.00- 10.00- 12.00- 14.00- 16.00- 18.00- 20.00 Uhr
Täglich, jedoch an Sonn- und Feiertagen bietet Armas nicht die Strecken Playa Blanca- Corralejo um 13.15 Uhr und 15.00 Uhr, sowie zurück von Corralejo- Playa Blanca, um 12.00 Uhr und 14.00 Uhr an.

Fred Olsen:
Playa Blanca- Corralejo: von Montag bis Freitag: 7.10- 8.30- 10.00- 12.30- 14.00- 16.00- 18.00 Uhr und Samstag und Sonntag: 8.30- 10.00- 14.00- 16.00- 18.00 Uhr.
Corralejo- Playa Blanca: von Montag bis Freitag: 7.45- 9.00- 11.00- 13.30- 15.00- 17.00- 19.00 Uhr und Samstag und Sonntag: 9.00- 11.00- 15.00- 17.00- 19.00 Uhr.

Wichtig: Für die Überfahrt benötigen Sie einen Personalausweis, oder Reisepass!

Fazit: Falls Sie noch nie auf Fuerteventura waren, sollten Sie sich die kanarische Lieblingsinsel der deutschen Strandurlauber unbedingt anschauen. Allein schon die gewaltige, schneeweiße Dünenlandschaft rund um Corralejo und das türkisfarbene Wasser sind eine Augenweide. Um zu den Stränden zu kommen, folgt man der ausgeschilderten Richtung Playas Grandes. Hier befinden sich schönsten Strände des Nordens, die auf der Höhe der zwei großen RIU-Hotels liegen.

Leider schafft man es nicht, Fuerteventura mit dem Mietwagen in einem Tag ausreichend zu erkunden, da die Insel einfach zu lang ist. Vom nördlichsten Punkt in Corralejo, fährt man bis zum südlichsten Punkt in Morro Jable, über 2 Stunden, was nur ohne jeglichen Stopp möglich ist. Deshalb empfehle ich im Norden von Fuerteventura zu bleiben und einen schönen Tag am Strand zu genießen. Badesachen nicht vergessen!

14 César Manrique- ein einzigartiger Künstler

Das heutige Lanzarote wäre ohne den enormen Einfluss von **César Manrique** undenkbar. Er war nicht nur Maler, Architekt, Bildhauer, sondern auch aktiver Umweltschützer und prägte entscheidend das Bild der Vulkaninsel. Ihm ist es zu verdanken, dass die Schönheit Lanzarotes nicht im

Massentourismus versank, sondern durch eine harmonische Kombination aus Kunst und Natur hervorgehoben wurde.César Manrique wurde am 24. April 1919 in Arrecife geboren. Er wuchs mit seiner Zwillingsschwester, seinem Bruder und einer weiteren Schwester in Puerto Naos, dem alten Hafen von Arrecife, auf.

Eine unbeschwerte Kindheit und die Sommerurlaube mit seiner Familie in Caleta de Famara, einem kleinen Fischerdorf in Nordwesten, prägten ihn nachhaltig.

Während des spanischen Bürgerkriegs, im Juli 1936 bis April 1939, meldete sich Manrique als Freiwilliger, um an der Seite Francos, dem späterem Diktator General Francisco Franco, zu kämpfen. Nach dem Krieg kehrte er nach Arrecife zurück, verbannte umgehend seine Uniform und verlor nie wieder ein Wort über die grausame Kriegszeit und den damit verbundenen Erinnerungen.

Bereits 1942, im Alter von 23 Jahren, präsentierte er in seiner ersten Ausstellung Werke in der Hauptstadt der Insel.

Er schrieb sich auf Teneriffa, in der ältesten Universität der Kanaren, für die Fachrichtung technische Architektur ein und brach nach 2 Jahren das Studium ab.

1950 schloss er nach fünf- jähriger Studienzeit, sein zweites Studium an der Kunstakademie in Madrid mit dem Meistertitel für Zeichnen und Malen, ab.

Er heiratete Pepi Gomez, mit der er eine enge Beziehung bis zu ihrem Tod im Jahr 1963 führte.

Mit gleichgesinnten Künstlern entwickelte sich Manrique zu einem Vorreiter der avantgardistischen Kunst und eröffnete 1954 in Madrid die erste Galerie Spaniens für abstrakte Kunst.

1964, im Alter von 45 Jahren, erhielt er in Amerika ein Stipendium des International Institute of Art Education. In New York fanden in der Galerie „Catherine Viviano" drei exklusive Einzelausstellungen statt.

Für seine Weiterentwicklung als Künstler waren Vertreter des abstrakten Expressionismus, sowie der Pop Art (Andy Warhol), der neuen Plastik und der kinetischen Kunst maßgebend. Nach 4- jährigem Aufenthalt in den USA, packte ihn 1966 das Heimweh und er beschloss nach Lanzarote zurückzukehren, um seine Heimatinsel in einen der schönsten Plätze der Welt zu verwandeln.

Bereits auf Teneriffa und Gran Canaria hatte ein gnadenloser Bauboom, in Form von riesigen Hotelburgen und Eingriffen in die Landschaft stattgefunden, der nun auch Lanzarote zu zerstören drohte. Manrique konnte einen langjährigen Freund der Familie, Pepin Ramirez, der inzwischen Präsident der Inselregierung war, für sein Vorhaben gewinnen. Es sollte nur noch die traditionelle, maximal zweistöckige Bauweise zugelassen werden und ein Verbot für Werbeplakate auf der Insel eingeführt werden. Dieses Verbot wurde durchgesetzt, ist aber inzwischen aufgehoben worden.

Um den lanzarotenischen Architekturstil an seine Landsleute weiterzugeben, ergriff Manrique die Eigeninitiative und fuhr mit seinem Wagen über die Insel, um alle von der ursprünglichen Bauweise zu überzeugen.

Im selben Jahr entwarf er das Monumento al Campesino, das 15 m hohe, aus Wassertanks von alten Fischerbooten zusammengeschweißte Monument, das den arbeitenden Bauern gewidmet ist. Sein engster Partner, Jésus Soto, realisierte das Denkmal.

Zusammen mit dem befreundeten Künstler Luis Ibánez kaufte er ein altes Haus in Yaiza, eines von dreien, das nach den Vulkanausbrüchen von 1730 bis1736 stehen geblieben war, und baute es 1970 zum Restaurant La Era um.

Im gleichen Jahr entdeckte er in einem schwarzen Lavafeld in Tahiche einen Feigenbaum, dessen grüne Spitze aus einem Lavastrom herausragte. Er beschloss genau an dieser Stelle sein Wohnhaus zu bauen. Die Grundstückseigentümer wollten keine Bezahlung für ihr Land, da sie es für wertlos hielten und baten Manrique, sich soviel Land zu nehmen, wie er für sein Projekt benötigte. Während der Bauphase entdeckte Manrique fünf unterirdische Lavablasen, die er miteinander verband, ausbaute und zu Wohnräumen umgestaltete.

1974 eröffnete Manrique in Arrecife das Mehrzweckkulturzentrum EL Almacen, das als Treffpunkt für Kunstinteressierte dienen sollte. Künstlern sollten die Gelegenheit bekommen in der Kunstgalerie El Aljibe ihre Werke auszustellen.

1982 gründete er seine Stiftung, die Fundacíon César Manrique.

1988 zog er aus dem Haus in Tahiche aus, um in sein umgebautes Bauernhaus in Haría zu ziehen, das seit 2013 ein Museum ist.

Am 25. September 1992 kam César Manrique, nur etwa 50 Meter vor seiner Stiftung in Tahiche, bei einem Verkehrsunfall ums Leben. An der Kreuzung, an der er ein Stoppschild überfahren hatte, befindet sich nun ein

Kreisverkehr, in dem, ein von ihm entworfenes Windspiel, steht. Er wurde auf dem Friedhof von Haría beigesetzt.

Folgende Bauwerke, die von César Manrique entworfen wurden, können besichtigt werden:

Das **Casa Museo del Campesino**, ein Bauernhauskomplex in inseltypischer Architektur mit dem **Monumento al Campesino**, das Denkmal, das auf dem geografischen Mittelpunkt der Insel steht, um die Bauern von Lanzarote zu ehren, die entdeckten, dass die schwarzen Lavasteine porös sind und mit ihnen der Tau zur Bewässerung der Felder aufgesogen werden kann.

Das **Lagomar**, der Wohnkomplex von Omar Sharif und der Aussichtspunkt **Mirador del Río** mit Blick auf die Nachbarinsel La Graciosa

Jameos del Agua, eine Lagune innerhalb einer Lavahöhle, die eine blinde Albino-Krebs-Art beherbergt, sowie Konzertsaal in der Lavahöhle mit 600 Sitzplätzen und der Kakteengarten **Jardín de Cactus**, mit mehr als 1000 Kakteenarten.

Die **Fundación César Manrique**, sein Wohnhaus mit 5 unterirdischen Lavablasen sowie sein letzter Wohnsitz das **Casa/ Museo César Manrique.**

Das **Restaurant El Diabolo** im Nationalpark Timanfaya, inmitten der aktiven Feuerberge, mit großem Grill über Vulkanluft und das **Museo Internacional de Arte Contemporaneo**, ein zeitgenössisches Museum mit wechselnder Kunstausstellung und Restaurant in Castillo de San José.

Das **Hotel Meliá Las Salinas** in Costa Teguise, indem er Garten, Mauern und Poolanlage gestaltet hatte, sowie die **Jugetes del Viento**, Windspiele, die sich in der Fundación und überwiegend in den Kreisverkehren auf der Insel befinden.

15 Strände- Las Playas

Lanzarote ist nicht das Strandparadies mit unendlich langen, hellen Stränden. Bedingt durch die Gezeiten des Atlantiks, können alle Strände genutzt werden, jedoch ist in vielen Fällen baden erst bei Flut möglich.

Bei Ebbe geht das Meer so weit zurück, dass teilweise nur noch schwarze Steine oder schwarze Lavaströme, die ins Meer gehen, zurückbleiben. Somit hat das sogenannte „Strandleben" in den meisten Fällen zwei Gesichter
Zu einem entsteht bei Flut ein Wow- Effekt, sodass man sich über das glasklare Meer und türkise Farbenspiel freut. Zum anderen denkt man bei Ebbe, wenn die schwarzen, dicken Steine im Meer zum Vorschein kommen, dass ein Laster vorgefahren ist, der Geröll abgeladen hat.
So sagen viele Urlauber, die zum ersten Mal auf Lanzarote sind, dass sie sich das so, auf keinen Fall vorgestellt haben und dass alles furchtbar schrecklich sei. Dennoch haben sowohl Ebbe und Flut ihre besonderen optischen Reize.
Auf Lanzarote sind die meisten Strände aus feinem Sand, einige wenige aus groben oder aus Sand und Steinen. Meistens findet man hellen Sand vor, jedoch gibt es auch braune und schwarze Sandstrände. Liegen und Sonnenschirme gibt es an größeren Stränden wie in Playa Blanca, Puerto del Carmen, Playa de los Pocillos, Playa del Reducto (Stadtstrand), an der Costa Teguise an der Playa de las Cucharas und an der Playa de los Charcos. Hier sind Rettungsschwimmer im Einsatz. Die Preise pro Liege und pro Schirm betragen fast überall € 4,00, am Stadtstrand zahlt man nur € 2,00 für den Schirm und € 3,00 für die Liege.
Die Wassertemperatur liegt von Juli bis September um die 24 Grad und kann in den Wintermonaten bis auf 17 Grad abfallen.
Die Temperaturen sind im Sommer am höchsten und betragen tagsüber im Schatten bis 35 Grad und fallen abends auf 25 Grad ab. Dadurch dass es fast immer windig ist, sind die Temperaturen sehr gut zu ertragen. Deshalb ist eine Fliesjacke für die Abendstunden immer zu empfehlen. Um nicht sofort einen Sonnenbrand zu bekommen, sollte man sich sorgfältig mit einer Sonnencreme mit hohem Lichtschutzfaktor, mindestens 30, besser noch 50+, eincremen und sich im Schatten aufhalten. Vorsicht ist geboten, da man durch den Wind meistens viel zu spät bemerkt, wie aggressiv die Sonne ist.
Im Norden befinden sich zwischen dem Besucherzentrum Jameos del Agua und Órzola acht unterschiedliche Badebuchten. Da diese Strände außerhalb von Touristenzentren liegen, muss die Anreise mit dem Auto erfolgen. Geparkt kann fast immer auf der gegenüberliegenden Seite in Parkbuchten. Dass es zu den

Stränden geht, erkennt man meistens schon vom weiten an sandigen Reifenspuren auf der Straße.

Die gesamte Küste in dieser Zone gehört zum Malpais de la Corona, das durch eine niedrige Felsküste mit kleinen Buchten und schneeweißen Sand geprägt ist und fantastisch mit der schwarzen Vulkanlandschaft kontrastiert. Eine Augenweide, die ihres gleichen sucht. Die hellen Buchten haben sich in die schwarze Landschaft eingegraben und setzen sich in Form von weißen Dünen bis ins Landesinnere fort.

Die **Playa del Caleton Blanco** ist die größte dieser Buchten. Der schneeweiße Sandstrand ist etwa fünfhundert Meter lang und befindet sich, aus Orzola kommend, kurz nach dem kleinen, rot umrandeten Straßenschild mit der Aufschrift LZ-1 KM 32, auf der linken Seite. Das Auto kann direkt vor dem Strand abgestellt werden. Liegen sind nicht vorhanden, es existieren aber aus aufgestapelten Lavasteinen halbrunde Mauern, in die man sich windgeschützt legen kann.

Tipp: Wer hier den Tag verbringen möchte, nimmt am besten zusätzlich einen Sonnenschirm, Handtücher, Sonnencreme und Getränke mit.

Leider ist in den Sommermonaten die schöne Badebucht, mit Blick auf Orzola und dem Monte Corona, völligst überlaufen. Die Lanzaroteños verbringen hier ein ganzes Wochenende mit Kind und Kegel, campen und grillen. Bitte beachten Sie, dass Sie hier nur bei Flut schwimmen gehen können, da bei absoluter Ebbe das Meer nur knietief ist.

Die einsame **Playa del Risco** liegt unter den Salinas del Río. Befindet man sich direkt vor dem Mirador del Rio biegt man links in die schmale Straße ein. Auf der rechten Seite hat man eine wundervolle Aussicht auf die vor Lanzarote liegenden Insel La Graciosa. Die Straße verläuft recht geradlinig und bewegt sich kurvig abwärts. Kurz nach einem alten Gemäuer, das erste auf der rechten Seite, folgt eine rechts- links Kurve und auf der linken Seite blickt man auf eine Hotelfinca. Exakt nach der Kurve, also kurz vor der Finca, biegt man nach einer mit Flechten grün bewachsenen Lavaanhäufung, rechts, bevor die Strommasten beginnen, ein. Langsam fahren, sonst ist man bereits vorbeigefahren.

Sieht man einen ruckligen Weg mit schwarzen gepflasterten Lavasteinen, ist man genau richtig. Nun fährt man den Weg bis zum Ende und stellt das Fahrzeug ab. Dann folgt leider

der schwierigste Teil. Leider ist der etwa ein Kilometer lange und einsame Strand nur äußerst schwer zugänglich. Zumindest sollte man Turnschuhe, noch besser wären Wanderschuhe tragen, sonst gelangt man leider nur bis zur oberen Plattform, die etwa 15 Minuten weit entfernt ist.
Danach geht der Pfad steil und geröllartig ohne Geländer ab. Nach Aussage zweier sportlicher, junger Männer, dauert der Abstieg zum Strand eine Stunde. Der Rückweg ist entsprechend schwerer und dauert eindreiviertel Stunden. Man sollte die Playa del Risco zumindest von der Plattform, die noch relativ einfach zu erreichen ist, angeschaut haben. Ob man dann den beschwerlichen Weg auf sich nehmen möchte oder nicht, bleibt letztendlich jedem selbst überlassen. Übrigens, die Männer fanden es „so amazing", sagten aber, das man so was auch nur einmal in seinem Leben machen muss, sodass eine Wiederholung ausgeschlossen wurde!

Die **Playa de Famara** ist ein fast drei Kilometer langer Strand mit hellbraunem Sand, der sich am Fuße der Famaraklippen befindet. Aufgrund eines hohen Wellengangs und starken Winden wird er in erster Linie von Kite- und Windsurfern genutzt. Die **Playa La Santa Sport** ist ein fast ein Kilometer langer, künstlich angelegter, heller Sandstrand bei den Sportanlagen vom Club La Santa.

Die Strände bzw. Felsküste mit Badeplateaus **Charco del Palo** und **Los Cocoteros**, die sich auf der Höhe des Kakteengartens befinden, sind FKK- Zonen.

An der **Costa Teguise** befinden sich fünf unterschiedlich große Badebuchten, die alle an der Strandpromenade liegen.
Die **Playa Ancla**, eine kleine Badebucht, liegt vor dem großen Occidental Hotel Lanzarote Beach, am Ortseingang.
Die **Playa Bastian** befindet sich am Anfang der Costa Teguise, direkt an der Promenade. Der Weg ist gut ausgeschildert. Der 400 m lange Strand mit dunklem Sand wird größtenteils von Einheimischen genutzt.
Die **Playa de Jablillo** ist eine kleine Badebucht mit hellem, von Felsen durchzogenem Sandstrand, der an der Promenade vor dem Occidental Grand Hotel Teguise liegt. Die **Playa de las Cucharas** ist der größte Strand an der Costa Teguise. Der etwa 600 Meter lange, helle Sandstrand wird von einem langen Wellenbrecher, der senkrecht zur Bucht verläuft,

unterteilt. Somit ist auch bei Ebbe das Schwimmen im Meer möglich. Der Abschnitt links vom Wellenbrecher, vor dem Hotel Melía Salinas, verwandelt sich bei Ebbe in ein Meer aus schwarzen Steinen.

Die **Playa de los Charcos** befindet sich direkt vor dem Hotel HD Lanzarote Beach und hat einen hellen Sandstrand. Leider ist hier nur bei Flut das Schwimmen im Meer möglich.

Im Großraum **Arrecife** trifft man auf zwei Strände. Die **Playa del Reducto** ist der 500 m lange Stadtstrand von Arrecife, der direkt neben dem Grandhotel Arrecife an der Promenade liegt. Der schöne helle Sandstrand, mit türkisfarbenem Wasser, lädt bei Flut zum ausgiebigen Baden ein.

Die **Playa de Guacimeta** ist ein fast zwei Kilometer langer Strand mit feinem, hellbraunem Sand in **Playa Honda**, der zwischen Arrecife und Flughafen liegt. Er wird in erster Linie von Insulanern und Residenten genutzt.

Um **Puerto del Carmen** findet man 3 große Sandstrände.

Die **Playa de Matagorda** liegt vor der Siedlung von Matagorda und ist ein hellbrauner Sandstrand, der mit Steinen durchsetzt ist. Die **Playa de Los Pocillos** liegt kurz vor Puerto del Carmen an der Strandpromenade und ist ein über ein Kilometer langer sehr tiefer, brauner Sandstrand.

Die **Playa Grande** ist der **Hauptstrand von Puerto del Carmen** mit hellbraunem Sand, der direkt an der Strandpromenade in Puerto del Carmen vorbeiführt.

Am Ende von Puerto del Carmen liegt die kleine Bucht **Playa Chica**.

Die **Playa de Quemada** ist ein dunkler Steinstrand, der sich im Ort **Playa Quemada** befindet.

Im Süden der Insel befinden sich die **Papagayostrände**, die sich aus den Buchten **Playa Mujeres**, **Playa del Pozo**, **Playa de la Cera**, **Puerto Muela** und **Caleta del Congrio** zusammensetzen. Die einhundert bis vierhundert Meter langen, hellsandigen Strände sind untereinander durch hohe Klippen getrennt. Man erreicht sie, indem man in Playa Blanca der Beschilderung **Papagayo** folgt. Eine lange, rucklige Schotterpiste führt auf ein Kassenhäuschen mit Schranke zu. Der Eintritt beträgt pro Fahrzeug € 3,00. Nach Bezahlung geht die Piste bis kurz vor den Stränden weiter.

Im Ort **Playa Blanca** trifft man auf 3 weitere Badebuchten, die **Playa Dorada**, die vor dem Hotel Princesa Yaiza, die **Playa Flamingo**, eine mit quadratischen Betonblöcken geschützte Bucht, die vor dem großen Iberostarkomplex Lanzarote Park liegt.

Die **Playa Flamingo**, eine mit quadratischen Betonblöcken geschützte Bucht, die vor dem großen Iberostarkomplex Lanzarote Park liegt, und der **Stadtstrand** befindet sich im Zentrum von Playa Blanca.

Im Südwesten der Insel befinden sich zwischen den Salinas de Janubio und El Golfo weitere Strände, an denen man nur **auf eigene Gefahr** baden kann. Die **Playa de Janubio** ist ein langer, dunkler Sandstrand, der die Salinen vom Meer trennt. Nach Los Hervideros folgt der Charco de los Clicos mit einem vorgelargerten, kleinen See kurz und ein schwarzer Steinstrand befindet sich am Ende von El Golfo.

16 Einkaufen- Shopping

Lanzarote ist kein Einkaufsparadies, das das Herz eingefleischter Shopping- Liebhaber höher schlagen lassen würde.

In den großen Urlaubsorten Costa Teguise, Puerto del Carmen und Playa Blanca befinden sich überwiegend **Souvenirgeschäfte**, in den kleinen Einkaufszentren, den **Centros Comerciales**, bieten Chinesen und Inder Plagiate aktueller Marken an. An Stränden und Promenaden erfolgt das gleiche durch afrikanische Verkäufer.

Markenware, die ausschließlich in Fachgeschäften angeboten wird, kauft man entweder in der Hauptstadt Arrecife, oder in den großen Einkaufszentren, ein.

Das größte **Einkaufscenter** der Insel, **DEILAND**, befindet sich zwischen Arrecife und dem Flughafen, an der Autobahn LZ-2. Alle aktuellen Shops finden Sie unter: www.deilandlaza.com/tiendas/

Die **BIOSFERA PLAZA** in **Puerto del Carmen**, ist das zweit größte Einkaufscenter.

Alle aktuellen Shops finden Sie unter: www.biosferaplaza.es

Im Hafen von **Puerto Calero** befindet sich eine kleine, überschaubare Einkaufsstraße mit exklusiveren Markengeschäften. Die aktuellen Geschäfte finden Sie unter: www.caleromarinas.com

Im Süden der Insel wurde das Shoppingcenter **MARINA RUBICON** renoviert und neu eröffnet.
Im Erdgeschoss sind wenige Fachgeschäfte vertreten, aber im Yachthafen kann man ausgiebiger einkaufen. Alle aktuellen Shops finden Sie unter: www.ccmarinalanzarote.com/tiendas/

Am 1.Oktober 2015 eröffnete **H&M** seine erste Filiale auf Lanzarote im Einkaufscenter **Deiland**, das bekannte Sportgeschäft **Decathlon** kam mit einer großen Halle in Arrecife, an der LZ-3 Ausfahrt 4, im Oktober 2016 dazu.

Wichtig für das Einkaufen in der Hauptstadt **Arrecife** sind die Öffnungszeiten, die sich von denen der Einkaufszentren unterscheiden: In der Regel sind die Geschäfte von Montag bis Freitag von 10.00 bis 14.00 Uhr, nach der Mittagspause von 17.00 bis 20.00 Uhr und samstags von 10.00 bis 14.00 Uhr geöffnet. Sonntags ist geschlossen. Hingegen sind die **Einkaufszentren täglich** von 10.00 bis 22.00 Uhr geöffnet.
Anmerkung: Genau wie in Deutschland führen die Geschäfte Frühjahr-, Sommer-, Herbst- und Winterkollektionen. Für Sommerbekleidung findet man ab Mitte August echte Schnäppchen, der Winterschlussverkauf startet am 06. Januar und endet Anfang März. Übergrößen für Damen sind, neben H&M, bei den spanischen Firmen Encuentro, bis Größe 46 und Punta Roma bis Größe 54, erhältlich.
TIPP: Schicke, spanische Mode zu erschwinglichen Preisen findet man im Einkaufscenter Deiland bei der Kette **Cortefiel**, die auch eine exklusivere Kollektion unter **Pedro del Hierro** anbieten. Auf der Internetseite können Sie einen Blick auf die Kollektion werfen: www.cortefiel.com

16.1 Tabakwaren- Zigaretten
Tabakwaren sind in Supermärkten und Tabakläden erhältlich. Auch wenn die Preise im Flugzeug günstig erscheinen, sind sie vor Ort billiger. Aufgrund der niedrigen Besteuerung, startet der Preis pro Stange bei 17,00€. Einzeln verkaufte Zigarettenschachteln, oder aus dem Automaten sind etwas teurer, da es keine Preisauszeichnung gibt.
Wichtig: Auf der Rückreise nach Deutschland darf nur 1 Stange pro Person, ab 18 Jahren, eingeführt werden.
Um problemlos durch den Zoll zu gehen, achten Sie bitte

darauf, dass sich nur 1 Stange im Koffer befindet, da das Gepäck als personengebunden gilt.

16.2 Pafümerien- Profumerías
Parfüm und Kosmetikartikel sind auf den kanarischen Inseln ebenfalls viel günstiger als in Deutschland. Um auf keine Plagiate reinzufallen, sollte man nur in Parfümerien einkaufen und vorher die Preise vergleichen.

16.3 Apotheke- Farmacia
Nahezu alle **Medikamente** sind günstiger als in Deutschland. Auch ohne Rezept bekommen Sie, mit einer angebrochenen Schachtel, problemfrei das Arzneimittel.

16.4 Lebensmittel
In den Feriengebieten treffen Sie an fast jeder Ecke auf kleine Supermärkte der Ketten **Spar** und **Dino**, in denen alles angeboten wird, was man zusätzlich zum Hotelangebot benötigt. Größere Einkäufe, zu günstigeren Preisen, tätigt man besser in den großen Filialen der spanischen Ketten, im **EuroSpar**, **Hiperdino** oder im **Mercadona**.
Die deutsche Supermarktkette **LIDL** ist auf Lanzarote mit 2 Filialen in Arrecife, neben IKEA und in Puerto del Carmen, vertreten.

16.5 Mehrwertsteuer
Die angegebenen Preise in den Geschäften sind Endpreise. Zu beachten ist, dass bei Essen und Getränken in Bars und Restaurants, falls nicht angegeben, zusätzlich 7% Mehrwertsteuer auf den angegebenen Preis kommt. Hotels und Manrique- Touristencenter zeigen ausschließlich den Endpreis auf Speise- und Getränkekarten an.

16.6 Marina Lanzarote
Der in 2014 eröffnete **Yachthafen Marina Lanzarote** befindet sich in der Avenida Olof Palme, in der Nähe des **Charco de San Ginés**, am Rande der Hauptstadt Arrecife.
Die moderne Marina ist eine Kombination aus **Restaurants** und **Geschäften**, die direkt am Yachthafen vorbeiführen. Fußläufig ist der Komplex über eine Brücke zu erreichen, direkte Parkmöglichkeiten liegen direkt hinter.
Im ersten Gebäude befindet sich der **Mercado de Naos** mit einigen Restaurants, die inzwischen nur noch in den Abendstunden geöffnet sind. Schade ist, dass die Marina

tagsüber kaum wahrgenommen wird, sodass viele Lokale und Boutiquen schließen mussten. Fast allein trifft der **BurgerKing** mit seinem Drive- In, der hier AUTOKING genannt wird, auf ein reges Publikum. Für **Nachtschwärmer** ist die Diskothek **Kopas** zu empfehlen. Hier trifft sich Arrecife um freitags und samstags ab 00.00 Uhr zu feiern.

17 Übersicht Märkte- Mecados- Mercadillos

An jedem Tag der Woche finden auf der Insel Märkte statt.

Montags bis Freitags:
Jeweils von 09.00- 14.00 Uhr ist Markt in Arrecife in der „La Recova" im Rathaus- Innenhof. Die Zugänge zum ältesten Marktplatz der Insel erfolgen von der Calle Manuel Miranda und der Calle de la Liebre. Über dem Eingang hängt ein Schild mit der Aufschrift „La Recova".

Dienstags:
09.30- 14.00 Uhr: Bauernmarkt im Pueblo Marinero in Costa Teguise. Der Markt besteht aus mehreren, kleinen Ständen, an denen Obst, Gemüse, Oliven, Ziegenkäse, Wein und Bananen angeboten werden.
10.00- 14.00 Uhr: Wochenmarkt am Jachthafen in Puerto Calero

Mittwochs:
10.00- 14.00 Uhr: Markt an der Marina Rubicon in Playa Blanca
18.00- 22.30 Uhr: Handwerksmarkt im Pueblo Marinero in Costa Teguise

Donnerstags:
09.00- 14.00 Uhr: Bauernmarkt auf dem Platz vor dem Kulturzentrum „Santiago del Mayor" in Taíche.

Freitags:
10.00- 14.00 Uhr: Handwerksmarkt in der Fußgängerzone von Arrecife um die Calle Léon y Castillo
10.00- 14.00 Uhr: Wochenmarkt am Jachthafen in Puerto Calero
16.00- 22.00 Uhr: Großer Markt im alten Hafen (Varadero, Plaza de la Tiñosa) in Puerto del Carmen
18.00- 22.00 Uhr: Handwerksmarkt im Pueblo Marinero in Costa Teguise

Samstags:
09.00- 14.00 Uhr: Kleiner Lebensmittelmarkt in Uga neben der Kirche
09.00- 14.00 Uhr: Recova Markt in Arrecife

09.00- 13.00 Uhr: Samstagsmarkt in der Innenstadt von Arrecife rund um die Kirche San Gines
10.00- 14.00 Uhr: Markt in der Marina Rubicon in Playa Blanca
10.00- 14.00 Uhr: Kunsthandwerkermarkt vor der Kirche im Zentrum von Haría
Sonntags:
09.00- 14.00 Uhr: Kleiner Lebensmittelmarkt in Uga neben der Kirche
10.00- 14.00 Uhr: Riesenmarkt mit über 500 Ständen in Teguise
10.00- 13.00 Uhr: Bauernmarkt in Mancha Blanca

17.1 Teguise Markt – Mercadillo Teguise
Der **Mercadillo Teguise** findet jeden Sonntag von 10.00-14.00 Uhr in **Teguise**, der ehemaligen Inselhauptstadt statt. Das wochentags verschlafene Dorf verwandelt sich sonntags in einen riesigen Markt mit über 500 Ständen. Es ist das **Highlight** auf der Insel, ab 11.00 Uhr schieben sich die Menschenmassen an den Ständen entlang, da die Auswahl riesig ist.   Auf dem Platz vor der Kirche führt gegen 11.30 Uhr eine **Folkloregruppe** Tänze, in landestypischer Tracht zu selbstgespielter Musik, auf. Die Kirche ist geöffnet und kann besichtigt werden.
An- und Abreise zum Markt: Die Anreise kann mit dem Mietwagen, öffentlichen Verkehrsmitteln, Taxi oder organisierten Reisen erfolgen. Für Autofahrer stehen bewachte, entgeltliche Parkplätze an der Hauptstraße zur Verfügung. Die Anreise mit öffentlichen Verkehrsmitteln oder mit dem Taxi stellen kein Problem dar, jedoch könnte sich die Rückreise, aufgrund des Massenaufkommens, langwieriger gestalten.
Organisierte Busreisen zum Markt, die auch von den Billiganbietern angeboten werden, sind von Vorteil, da sie einen garantierten Platz im Bus bieten.
Tipp für Autofahrer: Am Campo de   Fútbol, den man bereits aus der Ferne durch hohe Metallpfosten erkennt, befinden sind kostenfreie Parkplätze.

17.2 Kunsthandwerksmarkt in Haría
Jeden **Samstag** findet auf dem Dorfplatz vor der Kirche der Kunsthandwerksmarkt, der   **Mercado de Artesanía**, von 10.00- 14.30 Uhr statt. Der Markt wurde im Jahr 2001 ins Leben gerufen, um den Verkauf handwerklicher, regionaler

und ökologischer Produkte zu fördern und den Besuchern eine vielfältige Auswahl anzubieten.

An den inzwischen bis zu 70 verschiedenen Ständen, kann man in Ruhe vorbeischlendern und einkaufen. Bei der Vielzahl von Produkten dürfte es nicht schwerfallen, das passende Mitbringsel zu finden.

TIPP: Kombinieren Sie den Samstagsausflug auf den Markt mit einem Besuch im **Museo de Arte Sacro**, das sich neben der Kirche befindet. Dieser Gasse folgeld, treffen Sie an der Hauptstraße auf den Küstler, der **Autenica Ceramica Canaria**, der seinen Tonarbeiten im Dorfofen noch selbst brennt. Ausgeschildert und ebenfalls fußläufig zu erreichen, ist das **Casa/ Mueso César Manrique**, der letzte Wohnort des Inselkünstlers. Auf der gleichen Straße, kurz nach dem Anwesen, können Sie bei dem **letzten Korbflechter der Insel** einmalige Korbflechtarbeiten erstehen.

Übrigens: Auf dem Friedhof von Haría, dem Cementerio, der ebenfalls ausgeschildert ist, trifft man auf die letzte Ruhestätte von César Manrique.

18 Gastronomie

Das Klima und die geografische Lage der Insel haben die Entwicklung der wenig abwechslungsreichen Landwirtschaft bestimmt, dessen Produkte, vereint mit denen aus dem Meer, die Grundlage der traditionellen Inselküche war.

Aufgrund des Tourismusbooms der letzten Jahrzehnte hat sich die Vielfalt der Speisen, ohne Verlust der traditionellen Küche, erhöht. Die typischen Fische der Insel, die Dorade, der Sama und der Vieja werden schmackhaft in den unterschiedlichsten Variationen zubereitet.

Zudem wird Ziegen- und Kaninchenfleisch angeboten, das mit gekochten „papas arrugadas", den typischen Schrumpelkartoffeln, mit roter und grüner Mojosoße serviert wird.

Die inseltypischen Vorspeisen sind die Los potajes, Eintöpfe, die El sancochos, Stockfisch und die Ropa vieja, ein Eintopf aus Fleisch, Kartoffeln, Gemüse und Kichererbsen. Auch der Ziegenkäse muss erwähnt werden, der nach alter Tradition in vielen Varianten hergestellt wird. Schließlich darf auch kein guter Wein fehlen, der aus den Weinanbaugebieten zwischen Mozaga und La Geria stammt. Seit jeher gehören Gofio, ein geröstetes Maismehl, sowie Gerste, Hirse und Weizen zu den Grundnahrungsmitteln der Kanaren. Gofio wird heutzutage zur Bindung von Eintöpfen und zur Herstellung von Süßspeisen verwendet.

18.1 Produkte

Lanzarote produziert trotz Wassermangels, Hitze und mit Saharasand beladenen Winden, eine relativ große Vielfalt an Produkten. Aktuell werden auf einer ca. 7.000 ha großen Fläche Obst und Gemüse wie z. B. Zwiebeln, Tomaten, Kartoffeln, Süßkartoffeln, Wassermelonen und Kürbisse angebaut.

Zusammen mit Fuerteventura war die Insel lange als Kornspeicher der Kanaren bekannt, da in der Inselmitte, auf den sandigen Feldern Getreide und Mais angebaut wurden.

Die Viehzucht beschränkt sich in erster Linie auf Ziegen, Schafe und Kühe. Die Ziege hebt sich hier ab, da sie zusätzlich für die Milchproduktion gezüchtet wird, um Ziegenkäse herzustellen. Der Käse ist reich an Proteinen, Kalzium, Phosphor und den Vitaminen A, B und D. Um ein Kilo herzustellen, werden ungefähr fünf Liter Milch benötigt.

18.2 Fischerei

Früher war die Fischfangflotte der Insel die bedeutsamste der Kanaren mit den Standorten Arrecife, La Graciosa, Puerto del Carmen und Playa Blanca. Mit Angelruten und Netzen wurde Fische wie Thunfisch, Hecht, Makrele, Zackenbarsch, Seehecht und Wrackbarsch gefangen. Bis zum 20. Jahrhundert war auf der Insel die verbreiteste Art Fisch zu verarbeiten, ihn in Salz einzulegen, sodass Lanzarote durch seine damals unzähligen Salinen von dieser Verarbeitungsweise zusätzlich profitieren konnte.

18.3 Traditionelle Gerichte

Die kanarische Küche ist mediterran. Die wichtigste Mahlzeit ist das Mittagessen. Hierzu gibt es viele Möglichkeiten und gerade auf Lanzarote werden immer noch traditionelle Gerichte angeboten, wie man sie schon immer auf der Insel gegessen hat. Schnell bemerkt man den wichtigen Bezug zum Meer: Fischsuppe, Stockfisch, Fisch mit Zwiebeln… Der Stockfisch, der Sancocho, zählt zu den wichtigsten Gerichten der Kanaren und wird in den meisten Fällen mit Mojosoßen und Gofio serviert.

Die Fleischgerichte stammen aus der kanarischen Viehzucht. Man trifft auf Ziegenfleisch und Kaninchen in

unterschiedlichen Soßen. Auch Brühen und Eintöpfe zählen zu den klassischen traditionellen Gerichten.
Leider gibt es keinen typischen Likör, wie man ihn von den anderen Inseln kennt. Die Lanzaroteños brauen sich ihre Liköre zuhause selbst, oder greifen auf bekannte Marken der Nachbarinseln zurück.

19 Tapas- die kleinen Köstlichkeiten

Ursprünglich wurde der Begriff **Tapas** von dem spanischen Wort tapar abgeleitet, was so viel wie abdecken bedeutet. In Bars wurden kleine Häppchen auf die Bier- oder Weingläser gelegt, um die Getränke so vor Fliegen zu schützen.
Spricht man inzwischen von Tapas, ist damit ausschließlich die Portionsgröße gemeint. Als Tapas können generell alle Speisen gereicht werden, seien es Oliven, Käse, Frikadellen, Kartoffeln, Kichererbsen, Fisch oder Fleisch. Auf Spanisch hören sich die Namen der Tapas wesentlich klangvoller an, wenn man von Aceitunas, Queso, Albondigas, Papas arrugadas, Garbanzas, Pescado oder Carne spricht.
Aufgrund dessen findet man in einheimischen Restaurants, sofern eine Karte vorhanden ist, den Hinweis auf Tapas, eine kleine Portion, eine ½ Racion, eine halbe Portion, oder eine ganze Portion, die Racion.
Für meinen neuen Restaurantführer Lanzarote…mal anders! Tapas und mehr habe ich weit über 150 Restaurants auf der Insel unabhängig ausgewählt, anonym getestet und selbst bezahlt. Aufgrund der sehr umfangreichen Restaurantszene, die Lanzarote zu bieten hat, entschloss ich mich, den perfekten Wegweiser durch den Dschungel der unzähligen Restaurants zu erstellen, um die besten Adressen ausfindig zu machen.
Viele Restaurants benutzen zu gern das Schlagwort Tapas, um den klassischen Touristen ins Lokal zu locken. Wirft man dann einen Blick auf die Speisekarte, findet man lediglich Vorspeisen, die zu entsprechenden hohen Preisen angeboten werden. Trifft man auf Tapasangebote, ist die Auswahl vorgegeben und in den meisten Fällen auch nur für 2 Personen erhältlich. Aus diesem Grund möchte ich Ihnen hier einen Vorgeschmack auf die **Top Adressen für echte, inseltypische Tapas** vorstellen:

19.1 Restaurantempfehlung Casa Félix- La Aulaga

Das **Restaurant Casa Felix** befindet sich am Strand Playa Bastian, in der Calle Rosa, 4 in Costa Teguise, oberhalb des Parkplatzes, an dem sich 2 weitere Restaurants anschließen. Das rustikal eingerichtete Restaurant wurde am 27. August 1987 eröffnet und hat eine Terrasse mit Tischen von denen man wunderbar das Meer sehen kann, obwohl sich vor dem Lokal ein großer Parkplatz befindet. Zu den angebotenen **Tapas** gehören: Kartoffeln kanarische Art, frittierte Süßkartoffeln, kleine Paprikaschoten, gebratene Sardellen, frittierte Stäbchen vom Fisch oder Hühnchen, Kroketten vom Fisch oder Hähnchen, Kichererbseneintopf mit Fleisch, Fischsalat, gebratene Sardinenfilets, marinierter Thunfisch, gebratene Moräne, gebratener Tintenfisch mit grüner Soße, panierter Käse mit Feigenmarmelade, Zwergtintenfische, Tortilla española, Gulasch, Hühnerschenkelchen, Schweinefleisch, Hackfleischbällchen, russischer Salat und Datteln mit Frühstücksspeck.

TIPP: Bestellen Sie sich eine Auswahl... serviert wird alles auf einer großen Platte mit kanarischen Soßen.

19.2 Restaurantempfehlung Restaurante Monumento al Campesino

Das Restaurant befindet sich im, von **César Manrique** entworfenen Bauerndorf, zudem auch das markante Denkmal **Monumento al Campesino** gehört, das an der LZ- 20 in San Bartolomé liegt.

Vorbei am Bauerndenkmal, das einen Bauern mit einer Ziegenherde darstellt, geht man gerade aus, die Treppen herunter und trifft sofort auf das Restaurant. Es besteht die Möglichkeit, draußen im Schatten, je nach Wetterlage werden auch Sonnenschirme aufgestellt oder innen, im Sommer leicht klimatisiert, platz zu nehmen.

Die deutsche Speisekarte beginnt mit den Worten: **Tapas essen heißt, mit anderen zu teilen, mit der Familie zu genießen, mit Freunden Spaß zu haben und Köstlichkeiten zu probieren.**

Folgende Tapas werden angeboten: Oliven mit roter Mojo-Soße, Anchovis- Canapés mit Olivenöl und Tomaten, Frischkäse mit Olivenöl, kanarische Kartoffeln mit Mojo-Soßen, spanische Tortilla, Tomaten aus Lanzarote mit grüner Mojosoße, gefüllte Tomaten mit Thunfisch- Kartoffelsalat, russischer Salat, Sardellen auf Olivenöl, Fisch- oder

Schinkenkroketten, gegrillte Paprikawurst mit Malvasía- Wein aromarisiert, frittierte Ahrenfischchen, Gofio- Bouillon mit Zwiebeln aus Lanzarote, Fischrogen- Salat, Fischsalat, marinierter Schweinebraten vom kanarischem schwarzem Schwein, gebratene Reisblutwurst, marinierter Thunfisch, panierte Papageienfisch- Scheiben, panierte Tintenfischringe, kleine Tintenfische, frittierter Käse mit Feigenmarmelade, marinierte Dornhaifilets auf Mojosoße, gebratener Weichkäse mit Palmhonig, geschmortes Ziegenfleisch, Käseplatte mit Käse aus Lanzarote und Gofio, Rindsrouladen mit Knoblauch und Petersilie, gekochter Tintenfisch mit Mojosoße, gebratene kleine Tintenfische mit grüner Mojosoße, Garnelen in Knoblauchsoße mit Champignons und Kartoffel- Kasserolle mit Eiern und Schinkenstreifen vom iberischen Schwein.

Auf Seite Zwei ist zu lesen: **Speisekarte mit Tradition**. Der Küchenchef empfiehlt die Tapas- Platte, gemeint sind wohl ein Gericht aus den Vorspeisen, ein traditionelles Gericht und ein kanarisches Dessert. Guten Appetit.

Nun stehen 3 Salate zur Auswahl: Campesina: Tomate, grüner Salat, Thunfisch und Zwiebeln, Nuestra Huerta: Tomate, grüner Salat, Oliven, Mais, Zwiebeln, Paprika, rote Beete, Weichkäse und Kresse, Nuestro Campo: gebratenes Stall- Hähnchen mit sauren Äpfeln, Nüssen, Tomaten, gerösteten Sonnenblumenkernen, mit einer leichten Käsecreme übergossen.

2 Suppen: kanarischer Eintopf des Tages oder eine traditionelle Mais- Bouillon, die mit Gofio und Käse serviert werden.

Fisch: Papageinenfisch oder Wrackbarschfilet, mit frischem Salat, kanarischen Kartoffeln und Mojosoßen, kanarisches Thunfischfilet mit gebratenen Zwiebeln, Sancocho und Fischeintopf.

Fleisch: konfitiertes Kaninchen in Beize, Rinderfiletsteaks, Lammkeule oder Schweinebraten von schwarzen Schwein, auf niedriger Flamme gegart. Alle Fleischsorten werden mit Kartoffeln und frischem Gemüse serviert.

Zudem findet man Pommes, Gazpacho mit Schinkenstreifen, Spaghetti in Tomaten- oder Bolognesesoße, Kalbsschnitzel, Hähnchen- Cordonbleu auf der Karte.

Den Abschluss bilden 7 Desserts: Torte nach Art des Hauses, Bienmesabe mit Vanilleeis, Torte aus schwarzer Schokolade mit Vanilleeis, hausgemachter Eier- Karamellpudding mit Sahne, arme Ritter mit Zuckerrohrhonig und Gofio- Eis, Gofio- Mousse und Obstsalat aus tropischen Früchten.

Zu jeder Bestellung bekommt man für die kurze Überbrückungszeit bis das Gericht serviert wird, pro Person, jeweils ein warmes, knuspriges dunkles und helles Brötchen mit Butter, sowie einen Gruß aus der Küche.

Fazit: Das Restaurant im **Monumento al Campesino** ist ein absolutes Muss, das niemand auslassen sollte. Superfreundliches, aufmerksames Personal, tolles Ambiente und das **Preis- Leistungsverhältnis stimmt mehr als zu 100%**. Alles superfrisch und gemessen an den Portionsgrößen, die sich nur Tapas nennen, spottbillig. Zu zweit, rate ich maximal 2 Tapas pro Person an, aber wer wirklich Hunger hat, sollte zuschlagen. **Lecker, lecker, lecker....**

Übrigens: Geöffnet ist täglich von 10.00- 17.00 Uhr, am Wochenende trifft man auf viele Einheimische, sodass es sehr, sehr voll ist und es zu längeren Wartezeiten kommen kann. Aber auch dann ist das Personal unschlagbar freundlich und sehr, sehr aufmerksam.

19.3 Restaurantempfehlung Restaurante Castillo de San José- QUÉ MUAC

Das Restaurant befindet sich unten im **Castillo de San José**, dem Museum für zeitgenössische Kunst.

Direkt links neben dem Castillo folgt man der Treppe, die zum Restaurant führt, in dem man eine fantstische Aussicht auf den Hafen von Puerto de los Marmóles bis hin zum Gran Hotel in Arrecife geniesst.

Die übersichtliche Speisekarte bietet raffinierte Gerichte: Iberische Fleisch- und Wurstspezialitäten und kanarischer Käse, Köstlichkeiten aus dem Gemüsegarten, Eingelegtes, heiße Tapas, Tapas vom Grill, Frittiertes und hausgemachte Hamburger. Zudem kann man aus 5 Vorspeisen, 4 Fleischgerichten, 3 Fischgerichten und 5 Nachspeisen wählen. Freuen Sie sich auf ausgefallene Tapas und leckere Gerichte, die Sie so auf auf der Insel kein weiteres Mal vorfinden.

Unbedingt sollten Sie den Salat mit dem angebraten Ziegenkäse und den frittieren Käse mit dem Gofio- Eis probiren.

Fazit: Ein absolutes Muss! Wer hier nicht essen geht, hat wirklich etwas verpasst. Raffinierte Küche, freundliche Bedienung und eine fantastische Aussicht. Das Preis-Leistungsverhältnis stimmt zu 100%.

Öffnungszeiten: Dienstags bis samstags: 12.00- 16.00 Uhr, freitags und samstags 19.00- 23.00 Uhr.

19.4 Restaurantempfehlung Taberna de Nino

Das Restaurant **Taberna de Nino** befindet sich im alten Hafen von **Puerto del Carmen**, in der oberen Etage, die an der Flaniermeile vorbeiführt. Der Haupteingang liegt gegenüber der kleinen Kirche.Rechts und links der Eingangstür befinden sich 2 große Schaukästen mit der Speisenauswahl. Es besteht die Möglichkeit im rustikalen Restaurant innen, oder außen auf der Terrasse mit Meerblick platz zu nehmen.

Zur Auswahl stehen 37 Tapas : Pinchosauswahl, Runzelkartoffeln mit Mojo- Soße, Toast mit Roquefortsoße, Paprika- und Walnusskonfitüre, mit Hähnchen und Haselnüssen gefüllte Papaya mit einer palmhonig- Vinaigrette, Brot mit Tomate und iberischem Schinken, Piquillo- Paprika gefüllt mit Kabeljau mit Tomatenconfit- Bechamel, mit Hähnchen und Haselnüssen gefüllte Avocado und Cocktailsoße, Carpaccio vom Jungstier mit Parmesan, Senf und Basilikumaroma, frittierte Paprikaschoten, Langusten- Tempura mit bunten Salatsorten und Orangentatarsoße, Tomatentatar mit Pfeffer- Thunfisch- Tataki, Teriyaki- und Sojasoße, gebratener Brie mit Nüssen, Oregano und Olivenöl, frittierter Ziegenkäse mit Feigensüßspeise, gefüllte Hähnchenkringel mit Chorizosoße und geraspelten Kartoffeln, Pfannengericht mit leicht angerösteten grünen Spargelstückchen, Garnelen, Haselnüssen und iberischem Schinken, Garnelen in Knoblauchöl, Garnelen und Champignons in Knoblauchöl, Spinat- Krokantbonbons gefüllt mit Langusten, Käsesoße und bunten Chips, Pfannengericht mit Krake und Garnelen in einer Knoblauchtunke, Pfannengericht mit Kalbfleischstückchen in austurischer Chorizo, Kartoffeln in einer Art Roquefort, Pommeschips in einer würzigen Soße, Fischkroketten in Orangentatarsoße, Bananenkroketten mit iberischem Schinken und kanarischem Mojo- Sirup, Schalentierkroketten mit knackigen Crackern, Zackenbarschstreifen in Cocktailsoße, Mini- Spieße mit Zackenbarsch und Langostinen mit Hummercreme, Schalentiere- Crepes mit Hummersoße Culis, Bullenschwanz in Palmenhonig und Blumenkohlcreme, gebratenes Kalbsfleisch mit Paprikasoße und in Zwiebel gebackene und leicht gepfefferte Kartoffeln, der kleine Gemüsegarten, Mini- Schweinerippchen mit Runzelkartoffeln und Mojokaramellsoße, Kalbgeschnetzeltes in Roquefortsoße,

Pilze und iberischer Schinken in Tempura mit Süßkartoffelcreme, mit Bacon, Ziegenkäse und Pilzen gefüllte Lammröllchen in süßer Weinsoße, galizische Krake Und Blutwurst mit Rübencreme, Erdbeeren, Pinienkerne und Black Russian- Cocktail.

10 phantasievoll zubereitete Häppchen vom Chef: Mini- Spieße vom Lamm in Joghurt- und heißer Soße, Auswahl an Canapés, Thunfischtatar mit Avocado und Rucola, Mini- Burger mit Fleisch vom schwarzen Schwein mit Ziegenkäse, karamellisierter roter Zwiebel, Grillsoße, Wachteleier, bunten Kartoffelchips und Sangria- Sorbet, Blätterteig- Süßspeise mit kandierter Ente mit knusprigem Iberico- Schinken und einer gelben Pfeffercreme, iberisches Geheimnis mit Apfel und Cidresoße und Zimtaroma, knusprige Langusten mit Cornflakes, Sojanudeln und Teriyakisoße, Schweinshaxe mit würziger Honigglasur und Pflaumenmus, gerösteter Ziegenkäse mit Langusten und Rosen- Cocktail und Ziegenfleisch mit roter Currysoße und Quinoa mit Orangengeschmack.

Weiterhin befinden sich auf der Karte 5 kalte Platten, 3 Suppen, 9 Vorspeisen und 2 Reisgerichte (mind. 2 Pers.).

Fazit: Freundliches Personal sowie ein Preis- Leistungsverhältnis, dass aufgrund Lage, Ambiente, Freundlichkeit und Qualität der Speisen zu 100% stimmt. Geöffnet ist täglich von 12.00- 23.30 Uhr, für abends sollte man sich, nach Aussage des Kellners, einen Tisch reservieren lassen. Mit dem ersten Gericht der Karte, das sich Speiseauswahl (4 Einheiten) nennt, sind Pinchos, also belegte Brote gemeint, die man sich aus der Vitrine im Eingang des Lokals aussuchen kann und die dann in der Küche erwärmt werden.

19.5 Restaurantempfehlung Bar Stop

Das Restaurant **Bar Stop** mit **einheimischer Küche** befindet sich an der Hauptstraße in Yaiza und liegt fast direkt gegenüber der Kirche an der Plaza **Nuestra Señora de los Remedios**. Es besteht die Möglichkeit im Restaurant **lediglich** an fünf Tischen zu sitzen. Eine Speisekarte existiert nicht, dafür gibt es eine Theke, an der man sich die Speisen aussuchen kann.

Fazit: Die **Top- Adresse** für jeden, der **echtes einheimisches Essen** probieren möchte. Ein authentisches Ambiente, mit jeglichem Verzicht auf jeglichen Schnick- Schnack bezüglich der Präsentation. Freundliches, schnelles

Personal, das etwas englisch spricht. Gemessen an der Portionsgröße sind die Preise unschlagbar. Auch ohne Sprachkenntnisse können Sie in der Vitrine das Essen auswählen, indem Sie auf die Speise zeigen und einfach Tapa- kleine Portion-, oder Ración- große Portion, sagen. **Übrigens:** das Essen wechselt täglich und wenn die „Töpfe" leer sind, hat man Pech gehabt.
Tipp: Besuchen Sie das Lokal unbedingt pünktlich um 13.00 Uhr, da es immer sehr gut besucht, sodass man nur selten später einen Sitzplatz bekommt.

19.6 Restaurantempfehlung El Diablo- Timanfaya

Das von César Manrique entworfene Restaurant befindet sich im **Nationalpark Timanfaya**.Die aktuelle Speisekarte bietet: Suppen und Cremes: Tomaten- Gazpacho mit Schinkenstreifen, Kürbis- und Süßkartoffelcreme mit Frischkäse und Süßkartoffelchips und Eintopf mit Kresse und Weichkäse.

Kalte Vorspeisen: Centros Lanzarote- Salat, Fuerteventura- Salat, Lanzarote- Salat, Gran Canaria- Salat, kanarisches Thunfisch- Carpaccio mit geraspeltem Hartkäse und geschmorten Pilzen mit Himbeer- Vinaigrette, Melone mit iberischem Schinken und iberischer Schinken als halbe oder ganze Portion.

Warme Vorspeisen: Ziegenkäse- Timbal mit gedünsteten Tomaten und Kopfsalat auf Senf- Vinaigrette, Spaghetti Bolognese oder Napolitana und Fleisch- Lasagne.

Fischgerichte: Fischauflauf, gegrillter Tintenfisch, Bratspieß mit Langusten und Papageienfisch mit Vulkanhitze gebraten, Papageienfischfilets vom Grill und kanarisches Thunfischfilet auf Zwiebelbett. (Alle Fischgerichte werden mit Salat und Papas arrugadas und Mojo- Soßen serviert.)

Grill- Spezialitäten: ½ Brathähnchen, gegrillte Hähnchenbrust aus artgerechter Haltung, Sardinen, Hähnchenschenkel in Zitrusmarinade, gemischte Bratspieße, ½ Kaninchen, mariniertes Schweinekotelett vom Grill, Rinderfilet vom Grill, Lammkoteletts vom Grill, Kalbsschnitzel und Cordon Bleu vom Hähnchen mit Schinken und Käse gefüllt. (Alle Fleischgerichte werden mit Gemüse der Saison und gegrillten Kartoffeln mit Aioli serviert.

Desserts: Bienmesabe (Mandel- Honigcreme) mit Vanilleeis, Principe Alberto (Mandel- Nuss- Schokoladencreme) mit Vanilleeis, Feigen- Biskuit „Vulkan", hausgemachter Eier- Karamellpudding mit Sahne, Torte nach Art des Hauses,

Obstsalat aus tropischen Früchten, Papaya mit Orangen mit Cointreau aromatisiert und Eisbecher mit Sahne und Schokolade.

TIPP: Runden Sie den Timanfaya- Ausflug im Nationalpark mit einem besonderem Essen ab, da Fisch und Fleisch hier über dem großen Vulkanofen gegart werden. In unvergleichbarer Atmosphäre, mit Blick auf die Vulkane, lassen Sie sich einfach schmecken! Bitte beachten Sie die aktuellen Öffnungszeiten des Restaurants, die auf Tripadvisor angezeigt werden.

20 Gastronomie- Events
Die größte Vielfalt an **Tapas** treffen Sie auf den zwei größten Tapas- Events auf der Insel an.

20.1 Tag der kanarischen Inseln- Die Hauptstadt feiert ihre Unabhängigkeit
Jährlich wird am 30. Mai, die im Jahre 1982 erlangte Autonomie der Kanaren, mit dem **Tag der Kanarischen Inseln** gefeiert. An diesem Tag sind die Geschäfte in der Innenstadt Arrecifes geschlossen. Nach dem Motto **Arrecife vive Canarias, Arrecife lebt und feiert die Kanaren**, findet im Park Parque José Ramirez Cerdá, direkt neben dem großen Touristeninfo- Pavillion, ein großes Fest von 12.00-24.00 Uhr statt. **Das Besondere:** Es werden fast unzählige Stände verschiedener Restaurants aufgebaut, an denen man Tapas und Getränke für jewweils 1,00 € bekommt. In den kanarischen Farben gelb, rot und weiß sind Flatterbänder über den ganzen Platz gespannt. In der Mitte befindet sich eine Bühne auf der Gruppen in traditioneller Tracht musizieren.

Ab 12.30 Uhr füllt sich der gesamte Platz und es herrscht Volksfeststimmung. Alles riecht lecker nach Essen und man weiß gar nicht, wo man zuerst zugreifen soll. Gefühlte 1000 unterschiedliche Tapas warten darauf probiert zu werden.

Wenn nicht hier, wo dann? Mehr als was man sich eigentlich vorstellen könnte: Bocadillos- Brötchen, Pizza, Spieße, Käse, Süßes, Paella, Empanada- Teigtaschen, Caracoles- Schnecken, Gabanzana- Kichererbseneintopf, Gazpacho- kalte Gemüsesuppe, Papas- Kartoffeln, Escalopines- Schnitzel… und auch vieles, was man so in Restaurants noch nicht gesehen hat.

Das schöne daran ist, dass selbst wenn man daran denkt, dass z.B. Paella öfters angeboten wird, es an jedem Stand anders schmeckt, da jedes Restaurant unterschiedliche Rezepte hat.

Tipp: Am besten besucht man das Fest sofort ab 12.00 Uhr und verschafft sich einen Überblick, über das, was man gerne probieren möchte und greift zu, da bereits gegen 14.00 Uhr sich Menschenmassen vor den Ständen bilden. Ansonsten stürzen Sie sich einfach in die Menge und genießen, wie die Einheimischen, das turbulente Treiben bis Mitternacht und feiern mit.

Anmerkung: Das Fest findet jedes Jahr an einem Samstag statt. Fällt der 30. Mai nicht auf einen Samstag, wird die Veranstaltung, je nach Genehmigung der Gemeinde, vor oder nach verlegt. Am besten erkundigen Sie sich in einer Touristeninformation oder an Rezeption des Hotels nach dem exakten Veranstaltungsdatum.

20.2 Festival Enogastronómico in Teguise

Jährlich findet Ende November das riesige Gastrofestival in Teguise statt, das man auch als **Tapas- Probiermeile** bezeichnen kann.

An weit aus **über 100 Ständen** werden von Restaurants, Käsereien, Weingütern, Bäcker- und Konditoreien, Eisdielen und anderen Geschäften, Tapas und Weine zur Verkostung angeboten. Überwiegend von Lanzaroteños besucht, herrscht ein buntes Treiben und man schiebt sich regelrecht an den Ständen vorbei, um zu sehen, welche Tapas angeboten werden.

Um Tapas oder Weine probieren zu können, muss man Tickets an Ständen, die mit dem Schild **Venta de Bebidas y Tickets**, Verkauf von Getränken und Tickets, kaufen. Die Auswahl scheint grenzenlos zu sein.

Interessant ist auch das Tapasangebot, das von den **Nachbarinseln El Hierro, Teneriffa, Fuerteventura** und **La Palma** präsentiert wurde.

Tipp: Sollten Sie Ende September auf der Insel sein, erkundigen Sie sich in den Touristeninfos oder im Hotel nach dem genauen Veranstaltungsdatum. Sonntags können Sie das Tapasfestival in Teguise mit dem Marktbesuch verbinden.

21 Museen

21.1 Museum Tanit- Museo Tanit

Das völkerkundliche **Museum Tanit** liegt ausgeschildert im Zentrum von San Bartolomé.

Es ist in Familienbesitz und befindet sich in ehemaligen Weinkellern eines traditionellen kanarischen Haus aus dem Jahr 1735.

Die Gründer des Museums, Herr José Ferrer Perdomo und Frau Remy de Quintana Reyes, tragen seit unzähligen Jahren alle Arten von Gegenständen und Informationen zusammen, um lanzarotenische Sitten und Gebräuche, beginnend von ihren Vorfahren, den „Majos", bis heute, für die Nachwelt zu erhalten.

Im Eingangsbereich reicht die freundliche Señora Angela, die deutsch spricht, einen Hefter mit allen Informationen über das Museum, aus.

Aus dem letzten Jahrhundert wurden Familienerbstücke und inzwischen noch fast täglich Gegenstände zusammengetragen, die nach Themen sortiert und ausgestellt werden. Dazu gehören unter anderem: Eine Musikecke, Mühlsteine, steinerne Mörser, Vulkansteinbecken, Riegel, eine Kunstgalerie, ein Weinkeller, der seit 1780 genutzt wurde, Tragekörbe von Kamelen, Dreschbretter, eine Schreibmaschine, Weinkelter, Gemälde, ein kanarisches Destilliergerät, Bücherschränke mit Prospekten aus 1912, die Schutzheilige der Insel- die Virgen de los Dolores, Keramik, Ethnographie, eine steinerne Käseform, Binsengewebe, ein Brautpaar aus Mojon in traditioneller Kleidung, ein Wasserdepot, eine Tenne, die Kapelle, ein kanarischer Weinkeller und der Garten. Im Innenhof ist die kleine Kapelle der Nuestra Señora de Pino gewidmet.

Das **Museum** ist **eigenfinanziert** und wird nicht von der Inselregierung unterstützt. Der Erlös aus den Eintrittsgeldern wird für die Erweiterung und den Erhalt des Objektes genutzt, sodass es bewundernswert ist, dass die Gründerin fast täglich ins Museum kommt, um die Sammlung zu erweitern.

Öffnungszeiten: Täglich von 10.00- 14.00 Uhr, Kinder bis 12 Jahren sind kostenfrei.

21.2 *Haus der Timple- Casa Del Timple*

Im Zentrum der ehemaligen Inselhauptstadt **Teguise**, liegt schräg gegenüber der Kirche das **Museum Casa Del Timple**.

Es handelt sich um einen im 18. Jahrhundert erbauten Palast, der als Museum umfunktioniert wurde. In drei Räumen wird eine Sammlung von über 60 Timples ausgestellt. Dieses sind kleine 5- seitige Musikinstrumente, vergleichbar mit Gitarren, auf denen traditionelle kanarische Musik gespielt wurde und bei kleinen Konzertveranstaltungen noch immer gespielt wird.

21.3 Museum der heiligen Kunst in Haría- Museo de Arte Sacro

Der Ort **Haría** liegt im Norden der Insel und trägt den Beinamen das Tal der tausend Palmen.

Interessant ist die **Geschichte der Kirche**, die sich im Zentrum des Ortes befindet. Durch die breite, mit alten Lorbeerbäumen bepflanzte Allee, kommt man geradewegs auf die Kirche zu.

Von außen wirkt die Kirche schlicht, wie fast alle Kirchen auf der Insel. Da man eigentlich von einem alten Gemäuer ausgeht, ist es beim Betreten verwunderlich, dass der Innenraum in keinster Weise zu der alten sakralen Bauweise passt. Es kommt die Frage auf, warum in diesem alten Dorf eine Kirche mit dem Baustil aus den 1960- Jahren steht. Die Erklärung findet sich im **Museo de Arte Sacro**, das sich rechts neben der Kirche, in einem alten Herrenhaus, befindet.

Alte Fotos in den Ausstellungsräumen zeigen, was sich zugetragen hatte: Die alte Kirche, die **Iglesia de Nuestra Señora de la Encarnación**, wurde 1956 durch ein schweres Unwetter zerstört. Bilder im ersten Ausstellungsraum dokumentieren die fatale Zerstörung. In den weiteren Räumen des Herrenhauses werden alte Reliquien ausgestellt. Der Eintritt ist frei.

Öffnungszeiten: Dienstag, Donnerstag Freitag und Samstag von 10.00- 15.00 Uhr.

TIPP: Verbinden Sie den Besuch des Museums samstags mit dem Kunsthandwerksmarkt, der in der Baumallee vor der Kirche stattfindet.

21.4 Freilichtmuseum El Patio- Museo Agrícola El Patio

Das Landwirtschaftsmuseum **El Patio** befindet sich an der LZ- 20 im Ort Tiagua.

Dr. José Maria Barrete Fee (1924- 1993) hatte das Museum gegründet, um die ethnografischen und kulturellen Werte Lanzarotes zu bewahren. Die große Anlage besteht im Wesentlichen aus 2 Komplexen. Im ehemaligen Herrenhaus von 1845 befindet sich das völkerkundliche Museum. Zu den Themen, die auf Deutsch beschrieben sind, gehören: Nationale Geografie, Texte zum Nachdenken, Geologie,

Töpferarbeiten, Architektur, Folklore, traditionelle Kleidung, Handwerk und Tourismus.

Man trifft auf alte Fotografien, eine Ausstellung von Lavasteinen, Töpferarbeiten und Schornsteintypen.

Zu jener Zeit war es der größte landwirtschaftliche Betrieb der Insel, indem 20 Bauern mit mehr als 15 Kamelen im Ackerbau arbeiteten. Interessant ist das kleine Haus mit Innenhof, Küche, Bad, Wohn- und Schlafzimmer, indem der Vorarbeiter des Landgutes bis 1949 wohnte. Im Schlafzimmer befinden sich Feldbetten, auf denen Strohmatratzen liegen, die Teppiche sind aus geflochtenen Palmenzweigen.

Der Rundgang führt weiter zu einer Weinpresse, einer Bodega, einem kleinen Kakteengarten und einer Kapelle.

Verlässt man den Komplex gelangt man durch einen Garten mit inseltypischen Pflanzen zu einem Tiergehege mit einem Kamel, Ziegen und Hühnern, einer Windmühle, und einer zweiten völkerkundlichen Ausstellung mit Bildern, Keramiken, Korbflechtereien, Kamelsitzen, Wagen, Handwerksgeräten und alles, was man damals für die Landwirtschaft benötigte. In der Bodega wird weißer und rote Hauswein, sowie Moscatel zur Probe angeboten.

Besuchen Sie die schöne gepflegte Anlage, mit Bauernhofatmosphäre, in der man in die alten Zeiten zurückversetzt wird. Von den oberen Anbaufeldern blickt man über Famara bis hin zu La Graciosa.

Öffnungszeiten: 10.00- 17.00 Uhr, sonntags geschlossen.

21.5 *Luftfahrtsmuseum- Museo Aeronautico*

Das **Luftfahrtsmuseum** befindet sich direkt am Flughafen. Der Beschilderung **MUSEO** folgend, steht man umgehend vor dem alten Flughafenterminal.

Das Flughafengebäude wurde von 1946 bis 1970 genutzt. Für damalige Verhältnisse war es das Highlight der Insel, das aber dem Touristenansturm in den 1970- Jahren nicht mehr gewappnet war, sodass der heutige Flughafen gebaut wurde.

Beeindruckend ist, wie klein die Anfänge auf Lanzarote waren. Auf Wunsch führen die Museumsangestellten, mit zusätzlich erklärenden Beschreibungen, durch die Räumlichkeiten.

Im ersten Raum befindet sich eine großes Bild mit einer Aufnahme aus 1930, die den Graf Zeppelin über Las Palmas auf Gran Canaria zeigt.

Weitere Bilder von 1913 bis 1930 zeigen die Anfänge der Luftfahrt, sowie eine Landung in der Bucht von Arrecife aus dem Jahr 1924.

Im anschließenden Raum befindet sich der damalige Wartesaal.

Auf der rechten Seite hängt eine Reproduktion des langen Wandbildes, das César Manrique 1953 für den Flughafen fertig gestellt hatte. Es zeigt die Insel von Nord nach Süd und enthält viele Motive, die man sofort wiedererkennt, wie z.B. den Felsen von Famara, den Vulkan la Corona, La Geria, landestypische Häuser, Kamele und die Feuerberge bis hin zur Playa Blanca. Darunter befinden sich in einem Schaukasten entsprechende Erklärungen.

Auf Nachfrage, warum hier nur ein Bild und nicht das Original hängt, teilte mir das Personal mit, dass sich das Original in der Fundación César Manrique befindet, um dort restauriert zu werden. Ob das Wandbild jedoch wieder ins Luftfahrtsmuseum zurückkommt, sei fraglich, da der Flughafen zwar damals das Bild in Auftrag gegeben hatte, aber die Fundación es zurückhaben wollte.

Der Kauf des Bildes wurde auf einem Blatt dokumentiert, das sich in der ausgestellten Schreibmaschine befindet. 1953 betrugen die Kosten für das Wandbild 10.817,00 Peseten.

Links, in dem kleinen Raum, der aktuell zur Filmvorführung dient, befand sich der Souvenirshop.

Weiter geradeaus befindet sich auf der rechten Seite der Ticketschalter, daneben liegen die kleine Bar und die Toiletten. Ein großes Foto hinter der Bar, in der noch der Originalfußboden erhalten ist, lässt die VIP`s jener Epoche lebendig erscheinen. So trifft man von rechts nach links auf Camilo Pajuelo Arteaga, dem damaligen Chef der Guardia Civil, Thomás Lamamié de Clairc, dem Delegierten der Iberia- Fluggesellschaft, Antonio Diaz Carrasco, dem Flughafenchef und Benjamin Madero, dem Medizinkapitän des Bataillons in Arrecife.

Neben der Bar links, ging es damals für die Passagiere zum Ausgang. Vor Abflug mussten sie sich einzeln mit ihrem Gepäck auf die große Waage stellen und wurden abgewogen.

Auf der linken Seite befand sich das Büro des Flughafendirektors, indem heute eine kleine Bibliothek mit zusätzlichen Informationen zur Luftfahrt ist.

Im vorderen Teil des Gebäudes gelangt man über eine schmale Treppe in das Obergeschoss zum Kontrollturm. Nach dem ersten Treppenlauf muss eventuell der Kopf eingezogen werden, da die Deckenhöhe nur 1,78 Meter beträgt.

Auf der rechten Seite hängt eine alte Luftbildaufnahme des Flughafengebäudes, geradeaus befindet sich der Telekommunikationsraum mit Geräten und auf der linken Seite liegt der Kontrolltower. Bemerkenswert zu sehen, wie wenig früher benötigt wurde: ein Funkgerät, ein Telefon, eine Uhr, einen Stift und ein Buch um die Flüge einzutragen. Von hier aus sieht man direkt auf das Terminal 2 des heutigen Flughafens.

Ein lohnenswerter Besuch. Freier Eintritt, **Öffnungszeiten:** Mo.- Sa. von 10.00- 14.00 Uhr.

21.6 Weinmuseum El Grifo- Museo El Grifo

Das **Museum EL Grifo** befindet sich im Weinanbaugebiet La Gería im Südwesten der Insel. Auf der Landstraße LZ- 30, die durch das gesamte Gebiet führt, reiht sich eine Bodega an die andere.

El Grifo ist die älteste Weinkellerei der kanarischen Inseln und eine der zehn ältesten Spaniens. Über 2 Jahrhunderte war sie im Besitz von 2 Familien, davon lag sie über 5 Generationen in den Händen der heutigen Eigentümerfamilie. Das Museum befindet sich in der alten Weinkellerei, indem sich historische Geräte zur Weinherstellung aus dem 19. und frühen 20. Jahrhundert befinden.

Es werden 4 verschiedene Traubensorten angebaut, die zwischen Juni und September, wie folgend geerntet werden: Malvasia, Listan negro, Syrah und Moscatel. Im Eingang wird nach Bezahlung ein Plan ausgehändigt, der durch die Räumlichkeiten des Museums führt.

Unter anderem werden folgende Exponate ausgestellt: Eine Hebel- und Balkenpresse, ein Weinkelter „Lagareta", eine Vertikalpresse, weitere unterschiedliche Pressen, das von César Manrique entworfene Weinetikett für seinen Lieblingswein, eine Fassmacherei, Weintanks, eine Bibliothek und ein Laboratorium.

Im zweiten Gebäude befindet sich einer großen Etikettenausstellung. Neben dem Ausstellungsraum liegt das Gutshaus, das leider nicht begangen werden darf.

Im hinteren Teil der Anlage ist ein Weingarten, der die Besonderheit aufweist, dass die Rebstöcke in erstarrten Lavavertiefungen gepflanzt wurden. Den Abschluss bildet ein kleiner Kakteengarten.

Nach der Besichtigung, besteht die Möglichkeit, eine im Eintrittspreis enthaltener Weinprobe zu machen, oder man wählt optional die kostenpflichtige Weinprobe von 6 Weinen, zu denen Käse und Cracker gereicht werden.

21.7 Museum für Geschichte in Arrecife- Museo de Historia de Arrecife

Das Museum **Museo de Historia de Arrecife**, befindet sich in dem Castillo San Gabriel, auf der kleinen vorgelargerten Insel Islote de Fermina, unweit der Haupteinkaufsstraße in Arrecife. Die Burg kann über zwei Brücken erreicht werden, die linke nennt sich **Puente de las Bolas** und ist eine kleine Zugbrücke mit zwei Kanonenkugeln auf den Pfeilern.

Sie wurde ursprünglich aus Holz erbaut und von Berber-Piraten niedergebrannt. Im 16. Jahrhundert wurde das Castillo durch eine Festung aus Stein ersetzt, die zum Schutz des Hafen und der Stadt dienen sollte.

Im Eingang wird der Museumsführer ausgehändigt, indem sich die deutschen Erklärungen zu den Übersichtstafeln in den unterschiedlichen Räumen der Burg finden.

TIPP: Geniessen Sie im Obergeschoss die einmalige Aussicht über das Meer und die Hauptstadt.

22 Einmalige Inselkünstler

22.1 Der letzte Korbflechter von Haría

Kurz nach dem Casa/ Museo César Manrique in Haría befindet sich auf der rechten Seite die letzte **Korbflechterei** der Insel.

Unscheinbar, in einer Garage mit grünen Türen und davor aufgehängten Flechtkörben, sitzt Señor Eulogio Concepcíon Perdomo auf einem kleinen, niedrigen Stuhl und flechtet Körbe in unterschiedlichen Größen. Hierzu schneidet der 85-jährige getrocknete Palmenzweige in dünne lange Streifen, um sie nach traditioneller Art zu flechten.

Es entstehen einzigartig schöne Flechtereien. Er erzählte mir, dass das Geschäft früher besser lief und er auf die Handwerksmärkte ging, um seine Waren zu verkaufen. Da er sich inzwischen zusätzlich um seine erkrankte Frau kümmert, besitzt er keine Zeit mehr um seine Waren auf den Märkten zu verkaufen. So ist er auf eine handvoll Touristen angewiesen, die ihm etwas abkaufen. Um einen kleinen Korb herzustellen benötigt er, nach eigenen Angaben, einen halben Tag.

Statten Sie dem letzten Korbflechter der Insel einen Besuch ab. Schöne, einzigartige Mitbringsel, die vor Ort erstanden werden sollten. Señor Perdomo spricht nur spanisch, hat aber eine Preistafel, um auf den Preis zu zeigen. Er bezieht die Palmenzweige von den Gärtnern des Casa/ Museo César Manrique.

22.2 Autentica Ceramica Canaria in Haría

Auf traditionell gefertigte Tonarbeiten, die schon die Ureinwohner der kanarischen Inseln fertigten, trifft man in der Calle Fajardo in Haría.

Der Künstler zog aus seinem kleinen Atelier in Maguez, das man maximal als Garage hätte bezeichnen können, nach Haría, um sein Kunsthandwerk noch populärer zu machen. **Señor Joachim Reyes Betancort** stellt den Ton selbst her. Dazu mischt er Vulkanerde mit Ton, knetet das Gemisch mit den Füssen, bis eine ausreichende Konsistenz erreicht ist. Beim Formen seiner Kreationen drückt er die noch vorhandenen kleinen Steinchen heraus, um eine glatte Oberfläche zu erhalten.

Die fertigen Objekte werden mehrere Tage getrocknet und von ihm im öffentlichen Brennofen im Dorf gebrannt. Der eigentliche Brennvorgang dauert zwei Tage. Am ersten Tag zündet er ein kleines Feuer und legt alle zwei Stunden Holz nach. Am nächsten Tag wird mehr Holz nachgelegt. In den letzten 5 Stunden des Brennvorgangs wird die Holzzufuhr erneut erhöht und der Ofen geschlossen. Es vergehen drei bis fünf Tage bis die abgekühlt Arbeiten sind und entnommen werden können.

Übrigens: Alle Tonarbeiten werden ohne Töpferscheibe hergestellt. Bitte beachten Sie, dass der freischaffende Künstler keine festen Öffnungszeiten hat. Der Künstler fertigt inzwischen auch schönen Schmuck und Aquarelle an.

Tipp: Besuchen Sie den Künstler **samstags** in Verbindung mit dem Handwerkermarkt in Haría. Am Ende des Marktes befindet sich die Kirche, an der Sie rechts vorbeigehen, und am Ende der kleinen Gasse, auf das Gebäude des Künstlers treffen. Bitte beachten Sie, dass auf der Insel feischaffende Künstler nicht täglich öffnen, sodaß die Türen einfach verschlossen sind.

22.3 Die Jolatero´s - Boote und Souvenirs aus recyceltem Blech

Die **Jolateros** befinden sich an der Hauptstraße kurz nach dem Castillo San José, Richtung Arrecife- El Charco de San Gines. Auf der rechten Straßenseite sieht man ein großes Windrad, auf der linken Seite liegen kleine, bunte Bötchen auf schwarzen Lavasteinen. Hier folgt man links der Promenade. Ein paar Schritte weiter trifft man auch schon auf die Open- Air- Werkstatt.

Auf den ersten Blick hatte ich nicht direkt verstanden, was hier genau gemacht wurde, bis Herr Antonio mir genau seine Arbeit erklärte.

Die Geschichte der Jolateros, der einzigen und letzten lanzarotenischen Bootsbauer, die 1- Mann- Boote aus Altmetall herstellen, geht ca. 70- 80 Jahre zurück. Früher wurden diese kleinen Boote für den Zweck gebaut, um die Fischer zu ihren Kuttern zu bringen. Heutzutage veranstalten die Kinder im Sommer im Charco San Ginés nur noch kleine Bootsrennen.

Dann zeigte Señor Antonio wie man die Boote in Miniaturform herstellt. Hierzu schnitt er mit einer Schere einen Streifen von einer Blech- Olivenöldose ab. Er nahm eine Zange, bog die scharfen Kanten nach innen und klopfte sie anschließend auf einen Holzbrett platt. Danach formte er mit seinen Daumen und Fingern die Bootsform, nahm einen Kleber, den er auf zwei kleine Holzstückchen strich und steckte diese an die Enden des Bootes, um diese zu fixieren. Er sagte: „Jetzt mache ich den finalen Test, um zu sehen, ob das Boot auch schwimmen kann". Dazu setzte er es in eine Plastikschüssel mit Wasser und ich staunte nicht schlecht… das Bötchen schwamm. Zum Schluss wird das kleine Kunstwerk noch mit einem individuellen Anstrich versehen und steht zum Verkauf bereit.

Diese alte lanzarotenische Bootsbaukunst ist sehenswert. Hier kann man ein **Souvenir** der besonderen Art erstehen. Die kleinen Boote sind auch als Schlüsselanhänger für einen kleinen Preis käuflich erwerblich.

23 Ausgewählte Entdeckungstouren

23.1 Die große César Manrique Tour

Entdecken Sie die fantastischen Versionen eines Mannes, der Lanzarote zu dem machte, was es heute ist, einzigartig und unverwechselbar.

Begeben Sie sich auf die Spuren von César Manrique:
- Mirador del Río
- Cuevas de los Verdes
- Jameos del Agua
- Jardín de Cactus
- Hotel Melía Salinas in Costa Teguise
- Fundacíon César Manrique
- Lagomar
- Monumento al Campesino
- Castillo San José
- Casa/ Museo César Manrique
- Nationalpark Timanfaya
-

23.2 Faszinierende Aussichtspunkte

Auf Lanzarote gibt es **einzigartige Aussichtspunkte**, von denen man bei klarem Wetter, fantastische Ausblicke genießt und wunderschöne Fotos schießen kann.

Mirador del Rio: Aus dem Café und von der Aussichtsplattform blickt man auf die Insel La Graciosa. In **Guinate**, am Ende es Otres, blickt man kostenfei erneut auf La Graciosa. Die hübsche Kachel mit der Aufschrift „Dejate Llevar" heißt übersetzt „Lass Dich mittragen".

Gran Hotel Arrecife Stadt: In der 17. Etage des Grandhotel befindet sich ein öffentliches Café, mit Weitsicht über Arrecife, bis hin zu Puerto del Carmen und Fuerteventura.

Die Kirche **Ermita de Las Nieves:** Fantastischer Blick über die gesamte Insel bis Fuerteventura.

Piratenmuseum- **Museo de la Piratería** in Teguise: Blick über Teguise und die gesamte Insel bis Fuerteventura.

Femés: Bei klarer Sicht sieht man von der Aussichtsterrasse auf Playa Blanca und blickt auf die weißen Strände in Corralejo auf Fuerteventura, mit der davor gelagerten Insel Los Lobos. Für Fotos wie in der Karibik, sollten Sie nach **La Graciosa** übersetzen.

Übrigens: Leider kann man auf Lanzarote nie sagen, wann es die beste Zeit ist, um schöne Fotos zu machen. Frühjahr und Herbst, sind aus Erfahrung, die besten Jahreszeiten, um klare Fotos von Aussichtspunkten zu machen. Jedoch kann die Wetterlage auch in diesen Monaten unbeständig sein. Starke Winde können das ganze Jahr über auftreten und nach einigen Stunden die Wolken wegblasen, sodass ein strahlend blauer Himmel erscheint. Aber, bei „Kalima" spricht man auf Lanzarote von einem diesigem Wetter, das staubigen, sandigen Wind aus Afrika auf die Insel bringt. In den Sommermonaten, ist es bis mittags bewölkt und es kommt oftmals zu einem leichten Nieselregen, der aber nur kurz andauert. Die Landschaft ist dementsprechend in monotonen braunen Tönen gehalten. Nach üppigen, aber kurzen Regenfällen in den Wintermonaten, erstrahlt Lanzarote in einem satten Grün mit Blümchen.

23.3 Der Nordwesten

Die Tour startet in der geografischen Inselmitte in **San Bartolomé**, am **Monumento al Campesino**.Man fährt Richtung Tinajo, durch die Dörfer Mozaga, Tao und Tiagua. In Tiagua besteht die Möglichkeit das Bauernmuseum, **Museo Agricola El Patio**, zu besuchen.

Von Tinajo aus, fährt man weiter Richtung **La Santa**, wo sich der gleichnamige Sport- und Freizeitclub befindet.

Auf dem Rückweg fährt man über El Cuchillo und Soo bis zur Caleta de **Famara**, einem Fischerdorf, an dem man am Strand Wellenreiter beobachten kann und einen wunderschönen Blick auf die Insel **La Graciosa** hat.

Ebenfalls auf der Rückfahrt sollte man die **ehemalige Inselhauptstadt Teguise** anfahren, die durch ihre pittoreske Altstadt besticht und auf eine 500- jährige Geschichte zurückgreifen kann. Auf dem Vulkanberg über Teguise liegt das **Castillo Santa Barbara**, von dem man eine wunderbare Weitsicht über die ganze Insel genießt.

23.4 Der kontrastreiche Norden

Die Nordtour, Richtung Órzola, startet in der Ortschaft **Tahiche**, in der sich die **Fundación César Manrique**, das berühmte Haus mit den unterirdischen Lavablasen, befindet. Von hier aus fährt man auf die LZ-1 Richtung Orzola. In Guatiza kann der Kakteengarten, der **Jardín de Cactus**, besucht werden. Über die Ortschaften Mala und Arrieta, führt der Weg Richtung Orzola- Jameos del Agua. Hier hat man die Möglichkeit sowohl die **Jameos del Agua**, dort wo sich die kleinen weißen Albino- Krebse befinden, als auch die **Cuevas de los Verdes**, die sich etwas weiter oberhalb befinden, zu besichtigen. Auf der Weiterfahrt geht es an der Küste entlang, durch das **Malpais de La Corona**, dem grünen Herzen Lanzarotes. Die Landstraße führt vorbei an wunderschönen Buchten, von der die letzte, der **Caleton Blanco**, zu den schönsten der Insel zählt.

23.5 Die vulkanisch feurige Mitte

Diese Tour startet in der geografischen Inselmitte in **San Bartolomé**, am **Monumento al Campesino,** in dem sich das **Bauernmuseum** befindet. Von hier geht es Richtung **Masdache**, mit Ziel **La Geria**, das einzigartige Gebiet, das sich durch seinen traditionellen Weinanbau auszeichnet. Die Landstraße endet in Uga, von wo man Richtung Yaiza mit Ziel auf den Nationalpark, den Parque Nacional de **Timanfaya,** fährt.

Vorbei am **Echadero de Camellos**, mit der Möglichkeit zu einem Kamelritt, führt die Straße direkt zum Nationalpark.

Auf der Weiterfahrt Richtung **Tinajo**, liegt das Besucherzentrum, das **Centro de Visitantes**, mit audiovisuellen Vorführungen und einem Steg, der in die schroffe Vulkanlanschaft des Timanfayagebietes führt. Von hier aus steuert man, dem Straßenverlauf nach links, **Mancha Blanca**, mit der **Ermita de Los Dolores**, der Schutzheiligen der Insel, an.

Abschließend, Richtung La Geria, kommt man am Ende der Landstraße, die durch die wunderschöne Vulkanlandschaft führt, zurück, um in den Norden, Richtung Monumento al Campesino, oder in den Süden, Richtung La Geria, zu fahren.

23.6 Die Südküste

Man fährt die südliche Landstraße Richtung Yaiza, das Dorf der gleichnamigen Gemeinde, das sich durch seine weiße und gepflegte Architektur auszeichnet.

Von hier steuert man das einzigartige Küstenensemble an: Die **Salinas de Janubio**, **Los Hervideros**, **El Lago de los Clicos** und den Fischerort **El Golfo**. Im äußersten Süden befindet sich **Playa Blanca**, mit den berühmten **Papagayo- Stränden**.

Auf dem Rückweg fährt man über **Femes**, um einen schönen Blick über den Süden der Insel bis Fuerteventura zu genießen. Auf der Weiterfahrt geht es über **Las Casitas de Femes**, wieder zur Hauptachse, die in alle Richtungen führt.

23.7 Wanderung Montaña Colorada

An der LZ- 56 Richtung Timanfaya stehen nach kurzer Fahrstrecke beidseitig 2 Steinmauern mit der Aufschrift Municipio de Tinajo. Hier folgt man dem Straßenverlauf weiter Richtung Timanfaya.

Zur Orientierung, der Montaña Colorada ist der zweite Vulkan auf der rechten Straßenseite. Am Straßenrand befindet sich

ein kleines weiß- grünes Schild mit der Aufschrift LZ- 56 KM 4. Kurz danach folgen eine Kurve und ein Überholungsverbotsschild. Sofort danach kann man rechts von der Straße auf einen Ascheplatz einbiegen und parken.
Nun kann die Umrandung starten, ein schöner Fußmarsch von 45 Minuten. Der Schwierigkeitsgrad ist niedrig, da der Weg fast eben um den Vulkankegel verläuft. An 15 interessanten Punkten befinden sich Tafeln, die zusätzliche Informationen auf Deutsch bieten.
Nach kurzer Zeit entdeckt man, warum der Vulkan seinen Namen trägt.
Eine rot glühende Vulkanlandschaft, die man von der Vorseite nicht erwartet hätte.
Hier befindet sich ein **Monolith**, der bei den Ausbrüchen des Timanfaya, 20 km weit, bis an diese Stelle geflogen ist.

Übrigens: Die funkelnden **Olivinsteine** findet man direkt in dem großen Feld vor dem Parkplatz. Es ist nicht ausdrücklich verboten Steine mitzunehmen, man sollte es jedoch bei kleineren Exemplaren belassen und diese in den Koffer und nicht ins Handgepäck einpacken.

23.8 Wanderung Montaña del Cuervo
Der **Montaña del Cuervo** befindet sich an der LZ- 56, Richtung Timanfaya Nationalpark. Nach kurzer Fahrt folgen 2 Lavasteinmauern mit der Aufschrift **Municipio de Tinajo**. Kurz danach liegen auf der rechten und linken Seite, auf geglätteten Ascheplätzen, die Parkmöglichkeiten. Nun folgt man dem Trampelpfad, der an den Rändern mit Steinen gekennzeichnet ist.
Der Weg wird, nach etwa 10- minütiger Gehzeit, von Aufstellern des Nationalparks in deutscher Sprache dokumentiert.
Es folgt ein schöner Spaziergang durch eine faszinierende Landschaft, zum Vulkan bis in den Krater.
Aus dem Krater heraus, besteht nun die Möglichkeit nach rechts, zum Parkplatz zurück zugehen, oder nach links zu laufen, um den Vulkan zu umrunden.
Fazit: Die Mini- Wanderung dauert, sofern man auch um den Vulkan geht, etwa 1,5 Stunden. Einfacher Schwierigkeitsgrad, jedoch sollte man geschlossene Schuhe tragen, da der Weg teils geröllartig ist.

Tipp: Verbinden Sie diese Wanderung mit dem Montaña Colorada, der sich, zum Greifen nahe, fast gegenüber befindet.

23.9 Vulkan Monte Corona- Blick in den Krater

Im Norden befindet sich der höchste Vulkan, der **Monte Corona**, mit 609 m. Werfen Sie einen Blick in den Krater und schießen fantastische Fotos.

Der Weg ist nicht ausgeschildert. Er startet im kleinen Ort **Ye** und befindet sich an der LZ- 10 zwischen Guinate und dem Mirador del Río, genauer gesagt, zwischen Kirche und Restaurant, direkt neben dem Haus mit der Nummer 18.

Am einfachsten parkt man vor der kleinen Kirche und geht die Straße Richtung Mirador del Río. Nach dem ersten Haus auf der rechten Seite befindet sich ein großes Weinanbaufeld. Die Straße wird auf der rechten Seite etwas breiter, die Straßenmarkierung ist hier gestrichelt. Nun sieht man ein gelb- weißes Straßenschild mit der Aufschrift LZ-201 KM 4, dahinter befindet sich ein Müllcontainer. Direkt dahinter, rechts, Feld ein, beginnt der Weg.

Er führt vorbei an halbrunden Steinmauern, in denen mittig Wein angepflanzt wird, an Metallstäben, an deren Spitzen leere Plastikflaschen hängen, verwilderten Steinmauern, immer weiter hoch, bis zum Krater. Je weiter man nach oben kommt, umso steiniger wird der Weg. Für den Aufstieg werden etwa 30 Minuten benötigt, der Rückweg dauert ebenso lange.

Zur Richtungsorientierung kann man sich an die große Palme halten.

Man genießt einen wunderbaren Blick über die Küste und sieht gegenüber in der Ferne den Mirador del Rio, der an den davor parkenden Autoschlangen zu erkennen ist.

Empfehlung: Tragen Sie unbedingt festes Schuhwerk, da der Weg im oberen Teil sehr felsig ist.

23.10 Tremesana Wanderung- Die Wanderung durch den Nationalpark

Nach wie vor bestehen Fehlinformationen, dass man einfach zum Centro de Visitantes, dem Besucherzentrum in Mancha Blanca fahren kann, um durch den Nationalpark zu wandern.

Ich erkundigte mich im Büro des Zentrums, woraufhin mir mitgeteilt wurde, dass alle großen Reiseführer lediglich schriftlich eine Anfrage bezüglich des Ablaufes der Wanderung gestellt hatten, die auch beantwortet wurde. In nicht aktualisierten Führen trifft diese Auskunft nicht mehr zu, da sie vor 1996 gestellt wurden.

Da ich persönlich an der Wanderung teilgenommen habe, kann ich nun auch meine Erfahrungen schildern.

Ich hatte mich für die Tremesana- Route auf Spanisch entschieden, da es noch exakt einen Platz gab. Die englische Führung war bereits ausgebucht.

Als ich im Zentrum eintraf, wurden nach kurzer Zeit die Namen der Teilnehmer aufgerufen und man musste sich mit Namen, Geburtsdatum und Passnummer in eine Liste eintragen und unterschreiben, so denke ich, es war auf Spanisch, dass man körperlich fit ist.

Da mein Name nicht deutscher als deutsch sein kann, fragte mich der Guide, als er „Müller" rief und ich mich setzte, ob ich überhaupt der spanischen Sprache mächtig wäre. Nach 10 Sätzen und einigen Scherzen war klar, dass mein spanisch, aus seiner Sicht ausreichend war.

Und dann ging es auch schon los. Ich stieg mit meinem Guide, eine freundliche, sympathische Frau und der Gruppe, wir waren 8 Personen, in den Jeep, der vor dem Zentrum geparkt war, ein. Die englisch sprachige Gruppe saß im 2. Jeep daneben.

Wir fuhren Richtung Timanfaya, an den Kamelen vorbei, Ziel Yaiza. Bereits bei der Abfahrt berichtet die Reiseführerin ausführlich über die Geschichte Lanzarotes und die Vulkanausbrüche. In Yaiza angekommen, ging es dann einen holprigen Weg entlang, bis zu einer Schranke, die sie öffnete, um in den Nationalpark zu kommen. Der Jeep wurde abgestellt und unsere Wanderung begann.

Superinteressant und informativ, auf halber Strecke begegneten wir der englisch geführten Gruppe.

Man konnte Fragen stellen, an besonders interessanten Stellen machte die Gruppe halt und die Reiseführerin gab ein Wissen preis, das ich so auch noch nicht hörte. So wurde u.a. ein riesiger Monolith, der sich neben dem **Montaña Colorada** befindet, an dem ich bereits mehrmals war, 20 km weit geschleudert.

Was ich auch bis dato nicht wusste, ist, dass man über die erstockten Lavafelder, die sich z.B. im Bereich des Monumento al Campesino befinden, nicht bedachtlos laufen darf, da die Lava unterirdisch Blasen hätte werfen können und man, sobald die Lavaschicht zu dünn ist, einbrechen und sich verletzten könnte.

Die Exkursion endete nach ca. 2 Stunden auf der Höhe von El Golfo, wo wir in den Jeep der anderen Gruppe einstiegen und zum Zentrum zurück fuhren.

Mein Fazit: Die Tremesana- Wanderung, die kostenlos durch den Nationalpark durchgeführt wird, ist ein absolutes Muss für Lanzarote- Fans und die es noch werden möchten. Ein echtes Erlebnis!

Leider werden die Führungen nur auf Englisch und Spanisch angeboten. Für die spanische Führung wird ein fließendes spanisch vorausgesetzt, ein „Hola, que tal?" reicht nicht aus. Zudem wäre es zu schade und unfair den angagierten Mitarbeitern des Nationalparks gegenüber, sich die Informationen entgehen zu lassen.

Wichtig zu wissen:
Zunächst muss man die Internetseite des Nationalparks aufrufen:
www.reservasparquesnacionales.es und die Route auswählen.

Reservierungen, können je nach Auslastung nur bis 2 Monate vorher erfolgen.

Teilnehmeralter: ab 16 Jahren.

Einige Wanderungen können aufgrund der Wetter-verhältnisse, insbesondere von Sturm- oder Hitze-Warnungen, nicht stattfinden, das durch den Nationalpark am Tag der Wanderung, entschieden wird.

Für die Tremesana- Wanderung sind Turnschuhe ausreichend. Ich empfehle pro Person 1 Flasche Wasser, Sonnenschutzcreme und Kopfbedeckung mitzunehmen.

24 Käsereien- Queserías
Auf Lanzarote hat die Käseproduktion eine lange Tradition. Den handgemachten Ziegenkäse kann man in den Käsereien vor Ort und auf den Märkten kaufen.

24.1 Käserei El Faro
Die **Queseria El Faro** befindet sich im Norden der Insel, Richtung Teguise, an der LZ- 30. Parallel zur Hauptstraße, hinter einer hohen Mauer, entdeckt man die unzählig viele Ziegen, die die Milch für den Käse liefern.Der Hof der Firma ist sehr schlicht gehalten und im winzigen Verkaufsladen steht eine überschaubare Käsetheke.

Zu den angeboten Produkten gehören Ziegenfrischkäse, junger, mittelalter und reifer Ziegenkäse jeweils in den

Sorten Natur, Paprika und Gofio sowie geräucherter Ziegenkäse.
Im Jahr 2014 bekam El Faro bei dem offiziellen kanarischen Käsereien- Wettbewerb, die Goldmedaille für ihren geräucherten Ziegenkäse.
Öffnungszeiten: Montags bis freitags: 10.00- 14.00 Uhr, samstags 8.00- 13.00 Uhr.

24.2 Käserei Rubicón
Die **Queseria Rubicón** befindet sich in Femés, im Süden der Insel. Sie liegt unterhalb der kleinen Kirche des Ortes und ist im Kreisverkehr ausgeschildert.
Angeboten werden Ziegenfrischkäse, gereifter, geräucherter Ziegenkäse, sowie Käse mit Oregano, Gofio und Paprikapulver. Neben der Kassentheke befindet sich eine Auswahl an Käsesorten, die probiert werden kann.
Die **Besonderheit** an der Käserei Rubicon: Es besteht die Möglichkeit den Käse Vakuum verpacken zu lassen, um ihn nach Deutschland mitzunehmen. Täglich frisch werden **Ziegenmilch** und **Ziegenjoghurt** angeboten. **Übrigens:** Gegenüber der Käserei befindet sich ein Vulkanberg, auf dem die hauseigenen Ziegen herumlaufen.

25 Bogega Los Almacenes/ Mama Trina
Die **Bodega** befindet sich an der LZ-1 Richtung Mirador del Rio, im Norden der Insel. Einige Kurven nach dem auffällig großen, gelben Haus auf der linken Seite, führt ein Weg direkt zu **Los Almacenes**.Im Verkaufsraum werden neben Wein und Likören auch die bekannten Mama Trina Marmeladen und Mojo- Soßen zur Verköstigung und zum Kauf angeboten. Fast alle Produkte stammen aus eigener Herstellung.
Die Bodega ist täglich von 11.00- 18.00 Uhr geöffnet. Die „Mama Trina" Produkte, die nach alten Familienrezepten hergestellt werden, sind auch in vielen Supermärkten und auf den Wochenmärkten erhältlich.
Tipp: Insbesondere die Marmeladen und Mojosoßen sind ein tolles Mitbringsel für die Daheimgebliebenen.

26 Deutsche Bäckerei Andy Brot- Panadería Andy Brot
Die Bäckerei befindet sich in Tías, in der Calle Gabriel Diaz, 9. Sie ist nicht auf Anhieb zu finden, da sie nicht deutlich ausgeschildert ist. Aus San Bartolomé kommend fährt man Richtung Tías, im Kreisverkehr mit dem sich der Schriftzug

„Museo" gerade aus weiter und biegt sofort die erste Straße links ab. Die kleine Backstube befindet sich nach der Kurve, in der ein Müllcontainer steht, sofort auf der rechten Seite. Durch die grüne Tür geht es unmittelbar in die Backstube. Es richt herrlich lecker nach frischen Gebäck, Brötchen und Brot. Das besondere an dem Brot ist, dass es aus Vollkornmehl ohne Backmittel hergestellt wird und weder Enzyme noch Hilfsmittel enthält. Bei Andy Brot wird der Teig mit einem 4-stufigen Natursauerteig aus Roggenvollkornmehl angesetzt. In abwechselnd kühle (kräftiger Geschmack) und später warmer Umgebung (Hefebildung) wird dem Natursauerteig 48 Stunden Zeit zur Fermentierung gegeben. Das macht ihn milder als schneller hergestellte Teige (mancher Sauerteig bekommt nur 3- 5 Stunden Zeit zur Reife) und weitaus wohlschmeckender und bekömmlicher als „Natursauerteige" aus künstlichen Teigsauermitteln, den sogenannten „Kunstsauern". Dann wird Vollkornmehl, Wasser und ein wenig Salz zugegeben und der Teig bereitet, der nochmals mehrere Stunden ruht. Seit Gründung des Unternehmens im Jahr 2003, wird eine Restmenge als Grundlage für den nächsten Sauerteig abgenommen.

Angeboten werden: Roggenvollkornbrot (Haferflocken), Roggenkörnervollkornbrot, Roggenkörnernussbrot, Dinkelvollkornbrot (zusätzlich mit Sonnenblumen- oder Kürbiskernen), Bauernbrot (ebenfalls mit Sonnenblumen- oder Kürbiskernen), großes Roggenkörnernussbrot, großes Bauernbrot, glutenfreies Brot, Kastenweißbrot, weißes Baguette, Körnerbaguette, Überraschungsbaguette, Ciabatta, Brötchenauswahl, Körnerbrötchen, Dinkelvollkornbrötchen, Laugenbrötchen, Laugenbrezel, Croissant, Schokocroissant, Schinkenkäselaugenstange, Rosinenschnecke, Rosinen-brötchen, Müslistange, Hefezopf und Kuchen in den Sorten Kirsche, Apfel, Zwetschgen, Käse und Zwiebel. **Öffnungszeiten:** Freitags und samstags von 7.00- 12.00 Uhr.

27 Aloe Vera

Die Aloe Vera ist eine alte Heilpflanze, die aufgrund ihrer heilenden Eigenschaften bekannt ist und in kosmetischen sowie pharmazeutischen Produkten enthalten ist.

In den letzten Jahren sind auf Lanzarote Aloe Vera- Shops wie Pilze aus dem Boden geschossen. Und wie es scheint, hat man auf der Insel ein neues, lukratives Geschäftsmodell entdeckt. Überall ist das Wunderprodukt in den unterschiedlichsten Varianten erhältlich, von Creme über Shampoo bis hin zu Parfümen und Keksen. So verfügt z.B. die Firma Aloe+ Lanzarote bereits über 6 Verkaufsstellen auf der Insel, drei Aloe Vera- Museen, sowie einem neu eröffnetem Museum auf der Insel La Graciosa.

Im größten **Aloe Vera Museum** in Punta Mujeres, befinden sich bereits im Eingang zwei Tafeln mit den Aufschriften: „Dieses Ausstellungszentrum wurde am 25. Februar 2011 von den Mitgliedern der Plenarsitzung der Inselverwaltung von Lanzarote einstimmig als Einrichtung deklariert, die von touristischem und kulturellem Interesse ist. Es wird in den Katalog der Plätze aufgenommen, die einen außergewöhnlichen touristischen und kulturellen Wert darstellen" und „ Das Tourismusamt auf Lanzarote weist in einem Bericht vom 3. Dezember 2010 darauf hin, dass die Firma Aloe Plus Lanzarote S.L. einen Beitrag für das touristische Angebot der Insel leistet, wobei es die Anziehungskraft und Einzigartigkeit hervorhebt...„Unser Produkt ist einem Museum würdig und bereichert das Freizeitangebot. Die Firma trägt gleichermaßen zur touristischen Vielseitigkeit bei, die Lanzarote als Ziel haben muss".

Das Museum bietet Infotafeln über die Geschichte der Aloe Vera Pflanze, sowie deren Anbau und Gebrauch. In zwei weiteren Nischen erfährt man mehr über die Salzgewinnung auf Lanzarote und die damalige Schildlauszucht.

Freundliche Mitarbeiterinnen geben ausführliche Informationen zu den Produkten und Anwendungsgebieten.

Die Auswahl an Produkten ist riesig und auch in den meisten Fällen, bereits als fertiges Präsent für die Lieben daheim, hübsch eingepackt. Im Flyer werden folgende Produkte angeboten: Reines Aloe Vera Gel, reines Hautgel, Saft der Aloe Vera, Gel zur Entspannung, Shampoo, Duschgel, Bodycreme, Bodymilk, Deodorant- Roller, Seife, Badesalz, Handcreme, Fußcreme, etc.

28 Aquarium- Costa Teguise

Das **Aquarium** befindet sich in Costa Teguise, in der Avenida Las Acacias, im Centro Comercial El Trébol.

Durch den Souvenirshop geht es nach der Bezahlung treppab in die Unterwasserwelt.

Der Rundgang mit seinen 33 Aquarien ist in 3 Themen aufgeteilt: Kanarische Küsten, tropische Riffe und offenes Meer. In den unterschiedlich groß angelegten Aquarien trifft man unter andrem auf folgende Meeresbewohner: Brassen,

Seeigel, große Tigerfische, Muscheln, Schnecken, Seesterne, Kois, Moränen, Krebse, Doraden, Seeigel, Lobster, Oktupusse, Rochen, Katzenhaie, „Findet Nemo", im Sand getarnte Fische, Anemonen, Stachelfische und kleine Haie.
Geht man durch den kleinen Tunnel, kann man die kleinen Haie beobachten, die einem über dem Kopf schwimmen.
Bemerkenswert ist das Umweltschutzprogramm, das das Aquarium bezüglich der Schildkröten unterstützt. „...Das Aquarium Lanzarote nimmt am Programm zum Erhalt und Schutz der Caretta Schildkröten teil, unterstützt vom Gemeindeamt für Umweltschutz. Ziel des Projektes ist der Artenerhalt dieser Schildkröten, die vom Aussterben bedroht sind. Die Schildkröten im Aquarium wurden schwer verletzt im Meer aufgefunden. Nach lebensrettender Operation und Heilung aller Verletzungen wurden diese Tiere in unseren Installationen aufgenommen, um ihnen eine artgerechte Reha zu ermöglichen, um sie dann wieder in ihr natürliches Umfeld, dem offenen Meer, zu integrieren. Nur die Tiere, die aufgrund schwerster Verletzungen im offenen Meer nicht mehr überleben könnten, bleiben im Aquarium."
Fazit: Für Aquarienfans und Kinder sehenswert. In maximal 35 Minuten ist der Rundgang beendet und man befindet sich am Ausgang, der treppaufwärts in den Souvenirshop führt. Je nach Lust und Laune kann man nochmals alle Aquarien anschauen.

29 Aquapark Costa Teguise

Der Wasserpark befindet sich in der Avenida Golf Parc 315, in Costa Teguise.
Am Eingang befindet sich ein Übersichtsplan mit allen Attraktionen, danach muss man sich zurechtfinden.
Der Aquapark ist von Mitte März bis Mitte November geöffnet. Aus Costa Teguise ist er fußläufig oder mit einem Taxi zu erreichen. Der Park bietet gegen Gebühr auch einen Shuttle- Service von und nach Puerto del Carmen und Playa Blanca an.
Weitere Informationen unter: www.aquaparklanzarote.es
Anmerkung: Der Freizeitpark ist in die Jahre gekommen. In der Hauptsaison ist es mehr als schwer eine Liege zu finden, an den Rutschen muss man Ausdauer beweisen. Kinderfreundlich, aber Extras, wie z.B. das Fahren mit Elektroautos, müssen bezahlt werden. **Übrigens:** Die Rutschen sind ab einem Körpergewicht von über 100 kg nicht mehr zugelassen.

30 Hop On- Hop Off Arrecife

Um sich eine kleine Übersicht der Inselhauptstadt Arrecife zu verschaffen, steigt man in die Bimmelbahn mit dem **Hop On- Hop Off** Prinzip- beliebig oft ein und aussteigen. Die Fahrt führt vom Busbahnhof in Arrecife, der Estación de Guaguas, zum Stadtstrand Playa de Reducto, dem Gran Hotel Arrecife, der Burg San Gabriel am Stadtzentrum, und über den Charco de San Ginés zur Marina Arrecife.

Der Ein- und Ausstieg kann beliebig oft erfolgen, der Fahrpreis in Höhe von 4,00 € wird einmalig bei Fahrtantritt fällig. Man erhält einen Stadtplan sowie Kopfhörer, die während der Rundfahrt interessante und aufschlussreiche Informationen zu den Sehenswürdigkeiten der Tour bieten.

31 Schiffsausflug Puerto del Carmen- Puerto Calero

Lineas Romero bietet einen Schiffsauflug mit dem Express Waterbus von **Puerto del Carmen** nach **Puerto Calero**, oder umgekehrt, von Puerto Calero nach Puerto del Carmen, an.

Tickets sind jeweils im alten Hafen von Puerto del Carmen, direkt im Office von Lineas Romero oder am Ende des Hafens von Puerto Calero, im Ticketshop erhältlich.

Es besteht die Möglichkeit sich unter Deck zu setzen, oder an Deck in der Sonne die Aussicht zu genießen. Ab Puerto del Carmen: Das Boot fährt die Küste entlang und drosselt nach 10- minütiger Fahrtzeit die Geschwindigkeit, sodass man durch die Glasschotten im Schiffsboden den Meeresgrund einige Minuten beobachten kann.

In Puerto Calero angekommen, kann man von Bord gehen, sich den Hafen anschauen, etwas Essen oder Trinken gehen, oder man bleibt an Bord und fährt wieder zurück.

Abfahrtszeiten Puerto Calero- Puerto del Carmen: 10.00, 11.15, 12.45, 14.15, 15.45 Uhr.

Abfahrtszeiten Puerto del Carmen- Puerto Calero: 10.30, 12.00, 13.30, 15.00, 16.30 Uhr.

Fazit: Gerade derjenige, der noch nicht mit einem Wassertaxi gefahren ist, wird Freude an diesem kleinen Trip haben. Auch empfehlenswert für denjenigen, der die Küste zwischen Puerto del Carmen und Puerto Calero noch nicht kennt. Leider ist für Personen, die schnell seekrank werden, der Ausflug nicht zu empfehlen, da das Schiff beim Auslaufen aus den Häfen leicht wackelt.

32 Pardelas Park- Pardelas Restaurant

Der **Pardelas Park** liegt im Norden von Lanzarote. In Òrzola folgt man der Beschilderung **Zoo Granja Recereativa** und trifft nach ca. 1 Km auf der rechten Seite auf den Park.
Es handelt sich um einen kleinen Streichelzoo. An der Kasse bekommt man einen Eimer um Hasen, Hühner und Hähne, Pfauen, Enten und Küken, Hängebauchschweine, Ponys, Pferde, Esel und Ziegen zu füttern.
Faszinierend ist zu sehen, wie gut die Tiere die Eimer kannten. Sobald man den Eimer auf den Boden stellt, bedienen sich die Enten selbst, die Pferde und der Esel scharren mit den Hufen und die Ziegen springen einen an, sofern man sie nicht umgehend füttert werden.
In der Anlage befindet sich ein großer Spielplatz mit Rutschen und Schaukeln, Kinder haben die Möglichkeit auf einem Esel zu reiten und zu töpfern.
Zu der Anlage gehört das Restaurant Las Pardelas, indem seit 2012 der schweizer Koch Viktor Spillmann die Verantwortung für die Gastronomie übernommen hat. Angeboten wird die kanarische Küche.
Fazit: Der Pardelas Park ist besonders für Eltern mit kleinen Kindern geeignet.

33 Rancho Texas Park

Der Rancho Texas Park befindet sich an der Schnellstraße LZ-40 in **Puerto del Carmen**.
Es handelt sich um eine Kombination aus Zoo und Freizeitpark mit kleinem Aguapark. An der Kasse erhält man einen Plan, der durch die gepflegte Anlage führt.
Auf der pittoresken Route durch den Park, kann man alle Tiere beobachten, ohne das Gefühl zu haben, dass sie eingesperrt sind, da sich auch teilweise hinter Glasscheiben befinden.
Man entdeckt u.a. Leguane, Seelöwen, Robben, Krokodile, Bisons, Gürteltiere, Erdmännchen, bengalische, weiße Tiger, Pumas, Echsen, Komodorane, Schildkröten, Chameleone, Echsen, eine Geierschildkröte, einen Phython, Andakondas, eine Abgottschlange, Leguane, Zwergponys, Esel, Ziegen, schwarze Hausschweine, Hasen, Appaloosa, eine gepunktete Pferderasse, Rehe und Waschbären, sowie freilaufende Hähne.
Im oberen Teil des Geländes befindet sich das Restaurant, das als riesiger Saloon gestaltet ist, indem um **11.00 Uhr die Papageien- Show** beginnt. Dort zeigen Kakadus und

Papageien ihre Kunststücke. Danach, um **11.30 Uhr**, startet im anliegendem Amphitheater die **Räubtiervögel- Show**. Anschließend kann um **12.30 Uhr die Seelöwen- Show** besucht werden.

Danach startet im Saloon des Restaurants um 13.10 Uhr eine kurze Lassoshow, auf der, erneut um 13.30 Uhr die Papageienshow stattfindet. Es besteht die Möglichkeit zu essen, 30 Gerichte werden auf der großen Schautafel angeboten.

Erneut können um 14.00 Uhr die Raubvögelshow, um 14.30 Uhr die Seelöwenshow und um 16.00 Uhr die Papageienshow besucht werden.

Der Wasserpark lädt zum anschließenden sonnen und baden ein.

Fazit: Der Park ist ein Tagesausflug wert. Die Anreise kann auch mit Shuttlebussen des Parks, die aus Puerto del Carmen kostenfrei und aus Costa Teguise und Playa Blanca gebührenpflichtig sind, erfolgen.

Familie: Hier werden insbesondere Eltern mit Kindern auf ihre Kosten kommen. Für die Kids stehen Spielplätze, Spielzonen, Westernwagen, Ponyreiten, sowie ein großes Erlebnisbecken im Aguapark, zur Verfügung.

Übrigens, beruhigend zu wissen: Die Raubkatzen stammen aus Zirkusgefangenschaft und können ihren Lebensabend im Park verbringen. Auch viele Tiere fanden aus dem, in 2016 geschlossenen Guinate Zoo, eine neue Heimat.

34 Bodega La Querencia

Die Bodega befindet sich im Weinanbaugebiet La Geria an der LZ 30. Aus Richtung San Bartolomé kommend, ist es das erste Weingut auf der linken Seite vor der Bodega Rubicon. An der Straße weisen Schilder mit der Aufschrift **Vino- Wine** auf die Zufahrt zum Weingut hin.

Der Inhaber, Herr Luciano, der leider nur spanisch spricht, berichtete mir, dass seine Familie in der 5. Generation Wein anbaut. Auf seinen 30.000 Quadratmetern produziert er in Eigenleistung zwischen 7 und 8.000 Liter jährlich. Als ich ihn fragte wie der Name der Bodega zustande kam, sagte er mir, dass er 4 weitere Brüder hat, die nach dem Tod des Vaters, alle das Land haben wollten. Jeder sagte „yo quiero", „ich will". So zahlte er seine Brüder aus und war der neue Besitzer dieses Weingutes.

Herr Luciano zeigte mir, wie er den Wein produziert. Im linken Teil der Bogega befindet sich eine abgemauerte Ecke,

in der die Trauben mit den Füssen gestampft werden und dann in die Weinpresse gegeben werden. Der Saft wird anschließend gekeltert.
Er produziert Malvasia, Listán blanco und negro, sowie Moscatel.
Ich entschied mich nach kurzer Kostprobe für einen Listán negro, der vor meinen Augen abgefüllt und gekorkt wurde.
Mein Fazit: Eine kleine, privat geführte Bodega, auf der kein Massenandrang stattfindet. Das Wohnhaus der Besitzer schließt direkt an die Bodega an. Ich hatte hier Tapas gegessen. Zur Auswahl standen Ziegenkäse, Tomaten oder Ropa vieja.

35 Telamon- Die Titanic der Las Caletas Bucht

Am 21.10.1981 lief das griechische Frachtschiff **Telamon** in San Pedro, an der afrikanischen Elfenbeinküste aus, um Kurs auf die Hafenstadt Thessaloniki, die mit Baumstämmen und Brennstoffen beliefert werden sollte, zu nehmen.
Als sich der Frachter fast 6 Wochen später, am 31.10.1981 in der Meeresenge La Bocaina, zwischen Lanzarote und Fuerteventura befand, richtete ein enormes Unwetter extreme Schäden am Frachtraum des damals fast 30-jährigen Schiffes an.
Der Kapitän rief den Notstand aus, und der Frachter wurde an das Ufer der Las Caletas Bucht manövriert, um den Hafen von Los Marmoles nicht zu blockieren.
Den Baustämmen verlieh man seinerzeit keine weitere Beachtung, jedoch mussten 260 Tonnen Schweröl und 60 Tonnen Diesel vorsichtig und sorgfältig abgepumpt werden, um eine Ölkatastrophe zu verhindern.
Da der griechische Besitzer sein Frachtschiff aufgab, ein anderer Interessent sich aufgrund der geschätzten Kosten in Höhe von 100 Millionen Peseten, heute ca. 600.000 €, gegen Instandsetzung und Abtransport entschied, blieb die Telamon bis heute dort liegen.
Während eines späteren Sturmes zerbrach der Frachter in 2 Teile, sodass man nur den Teil sehen kann, der sich über der Wasseroberfläche befindet.
Die Telamon war aufgrund ihrer Größe die große Attraktion der Lanzaroteños, die sich jedoch in eine Ruine verwandelt hat, die Badenden und Tauchern gefährlich wurde.
So war José Torres, der Präsident der Handelskammer, der erste, der Alarm schlug und in einem Schreiben an die Häfenbehörde auf den fatalen Zustand des Frachters hinwies.

2009 zog die Telamon letztmalig das Medieninteresse auf sich. Es handelte sich um Fracht des Schiffes. Die Baumstämme, die fast 30 Jahre an Land lagen, dort der Witterung ausgesetzt waren und nur knapp einer Vernichtung durch Feuer entgingen, wurden von dem spanischen Stadtplaner José Maria Pérez Sánchez als große Skulptur im Kreisverkehr am Las Cucharas Strand in Costa Teguise in Szene gesetzt. Nach einem Unwetter im September 2016 wurde die Skulptur ersatzlos entfernt. Sie trug den Namen „La hoguera de San Juan"- „Johannisfeuer".

Zudem wurde im gleichen Monat ein Tauch- und Campingverbot für den Abschnitt rund um die Telamon verhängt.

36 Mietwagenverleih

Erkunden Sie einfach und entspannt mit dem Mietwagen die Insel. Sowohl die Miet- als auch die Benzinpreise sind mehr als günstig. Der größte Anbieter auf der Insel ist Cabrera Medina- CICAR, gefolgt von PLUSCAR.

Cicar bietet in erster Linie Fahrzeuge von Opel an, bei Pluscar sind auch höherwertige Autos, bis hin zu Mercedes oder BMW, möglich.

Beide Unternehmen sind sehr stark in den Urlaubsgebieten mit Filialen vertreten, sodass man sich direkt vor Ort für einen Mietwagen entscheiden kann. Zudem ist die Anmietung eines Leihwagens auch noch bei kleineren, privaten Anbietern möglich.

Tipp: Rufen Sie die Internetseiten der Mietwagenverleiher auf, um alle Angebote vergleichen zu können.

37 Anti- Langeweile- Aktivitäten

Sie haben Langeweile und schon alles Sehenswerte besichtigt? Auch wenn Lanzarote doch eher klein zu sein scheint, finden sich hier mehr Möglichkeiten, als man erahnen würde. Angefangen vom Wassersport über Safaris und Wanderungen bis hin zum Casinobesuch, bieten sich unzählige Alternativen zum Pool. Um sich einen Überblick über das Gesamtprogramm zu verschaffen, sucht man am besten ein Touristeninformationsbüro auf, das sich im jedem Urlaubsort befindet.

Hier liegen alle aktuellen Flyer aus und auf Nachfrage wird man über aktuelle Feste und Veranstaltungen gern informiert.

38 Flugzeuge aus der Nähe bei Start und Landung beobachten

Um startende und landende Flugzeuge, die einem direkt über dem Kopf fliegen, zu sehen und dem Piloten zuzuwinken, fährt man zum Ort **Matagorda**, der sich am Flughafen befindet und folgt der Beschilderung. Die Straße endet in einer Sackgasse, von der man in 10 Minuten die Promenade links herunter, Richtung Flughafen geht, um das Spektakel zu beobachten.

Aufgrund des inzwischen regen Flugverkehrs, ist es kaum noch vorstellbar, dass man im Jahr 2012 auf den Flugplan schauen musste, um überhaupt ein Flugzeug am Himmel zu erspähen.

39 Restaurant La Era

Es handelt sich um ein 300 Jahre altes Landgut im Dorf Yaiza, das eins von drei Häusern war, die nach den Vulkanausbrüchen zwischen 1730 und 1736 stehengeblieben war. **César Manrique** kaufte zusammen mit dem Künstler Louis Ibáñez eines dieser Häuser und baute es 1970 zum Restaurant um.

La Era trägt die typische Handschrift Manriques: Von außen sieht es wie ein großes, weißes landestypisches Anwesen mit Türmchen aus. Tritt man nun durch die grüne Eingangstür, befindet man sich im ersten großen Innenhof, von dem rechts und links Türen in die einzelnen Räume des Restaurants abgehen. Die Räume haben eine wunderbare Atmosphäre, die mit ihren schlicht eingedeckten, dunklen Holztischen- und Stühlen, sofort zum Essen einladen. Im zweiten Innenhof, der mit dicken Palmen und großen lila Bouganvillebüschen bewachsen ist, befinden sich weitere Räumlichkeiten.

Fazit: Für den **Restaurantführer Lanzarote mal anders- Tapas und mehr**, habe ich das Restaurant genau unter die Lupe genommen. Trotz gut klingender Speisekarte mit inseltypischen Gerichten, muss ich aufgrund von Unfreundlichkeit, schlechter Qualität des Essens und einem unpassendem Preis- Leistungsverhältnisses, abraten in dem Restaurant Essen zu gehen. Ich empfehle bei einem Getränk die schöne Atmosphäre zu genießen und schöne Fotos zu machen.

40 Mini 1 x 1 auf Spanisch

Natürlich wird nicht erwartet, dass man perfekt spanisch spricht, aber schon einige einfache Floskeln machen den Aufenthalt einfacher und der Spanier freut sich, dass man sich zumindest die Mühe macht, sich mit ihm zu unterhalten. Und los geht es.

Das Allerwichtigste zuerst:

- Guten Morgen/Tag --- Buenos días --- buenos di- as, das i wird wie im deutschen die ausgesprochen
- Guten Tag --- Buenas tardes --- buenas tardes
- Guten Abend/ Nacht --- Buenas noches --- buenas notsches
- Bis zum Mittagessen, das zwischen 13 Uhr und 15 Uhr eingenommen wird, sagt man BUENOS DIAS, danach bis zum Sonnenuntergang BUENAS TARDES, am späten Abend BUENAS NOCHES. Zu jeder Tageszeit kann man auch HOLA QUE TAL? --- Hallo, wie geht es? --- ola ke tal? – zur Begrüßung verwenden. Auf die Frage wird gar nicht oder einach mit BIEN – gut – bi- en geantwortet.
- Aufwiedersehen --- Adíos --- (a- dios), das i wird wie im deutschen die ausgesprochen
- Bitte --- Por favour --- por fabor
- Danke --- Gracias --- grazias
- Ja --- Si --- si
- Nein --- No --- no
- Entschuldigung --- Perdón --- perdon
- In Ordnung/ Ok. --- Vale --- bale
- Hilfe --- Socorro --- sokorro
- Rufen Sie schnell einen Arzt --- Rápido, llame a un médico rapido --- ra-pido jame a un mediko
- Rufen Sie schnell einen Krankenwagen --- Rápido, llame una ambulancia rapido --- ra- pido jame una ambulancia
- Wo ist die Toilette? --- Dónde están los servicios? --- donde e- stan los serbicios
- Wann? --- Cuándo? --- kuando
- Was? --- Qué? --- Ke?
- Wo? --- Dónde? --- donde
- Hier --- Aquí --- aki
- Dort --- Allí --- aji
- Rechts --- A la derecha --- a la deretscha
- Links --- A la izquierda --- a la is-kierda

- Geradeaus --- Todo recto --- todo rekto
- Haben Sie...? --- Tiene...? --- tiene...
- Ich möchte... --- Quiero... --- ki- ero
- Was kostet das? --- Cuánto cuesta? --- Kuanto kuesta
- Wo ist...? --- Dónde está...? --- Donde esta...?
- Heute --- Hoy --- oi
- Morgen --- Mañana --- manjana
- Ich möchte nicht. --- No quiero --- no kiero
- Ich kann nicht --- No puedo --- no puedo
- Einen Moment bitte! --- Un momento, por favor! --- Un momento por fabor
- Lassen Sie mich in Ruhe! --- Déjame en paz! --- Dechame en pas
- Die Getränke --- Las Bebidas --- las be- bidas
- Wein --- vino --- bino
- Weißwein --- vino blanco --- bino blanko
- Rotwein --- vino tinto --- bino tinto
- Rosé --- vino rosado --- bino rosado
- Schaumwein --- vino espumoso --- bino es- pumoso
- Hauswein --- vino de la casa --- bino de la kasa
- Rotweinbowle --- sangria --- san- gria
- Apfelwein --- sidra --- si- dra
- Rotweinschorle --- tinto de verano --- tinto de berano
- Champagner --- champán --- tscham- pan
- Sekt --- cava --- kaba
- Lieblich --- dulce --- dulsche
- Halbtrocken --- semiseco --- semi secko
- Trocken --- seco --- secko
- Bier --- Cerveza --- cer- weßa
- Bier vom Fass --- cerveza de barril --- cer- weßa de bar- ril
- Ein kleines Bier --- una caña --- una kann-ja
- Wasser --- agua --- agwa
- Mineralwasser --- agua mineral --- agwa mineral
- Mit Kohlensäure --- con gas --- kon gas
- Ohne Kohlensäure --- sin gas --- sin gas
- Mit Eis --- con hielo --- kon i- elo
- Ohne Eis --- sin hielo --- sin i- elo
- Saft --- zumo --- sumo
- Orangensaft --- zumo de naranja --- sumo de narancha
- Apfelsaft --- zumo de manzana --- sumo de manzana
- Tomatensaft --- zumo de tomate --- sumo de tomate

- Kaffee --- café --- kafee
- Milchkaffe --- café con leche --- kafee kon letsche
- Schwarzer Kaffee --- café solo --- kafee solo
- Kaffee mit Kognak --- carajillo --- karachi- jo
- Schokolade --- chocolate --- schokolate
- Kaffee mit etwas Milch --- cortado --- kortado
- Pfefferminztee --- infusión de hierbabuena --- infusion de ierba- buena
- Kamillentee --- manzanilla --- manzani- ja
- Tee --- té --- the
- Tee mit Zitrone --- té con limón --- the kon limonn
- Milch --- leche --- letsche
- Frühstück --- desayuno --- des- ajuno
- Mittagessen --- almuerzo --- al- muerzo
- Abendessen --- cena --- cena
- Guten Appetit --- que aproveche --- ke aprovetsche
- Prost --- salud --- salud
- Besteck --- cubierto --- kubi- erto
- Achenbecher --- cenicero --- cenicero
- Flasche --- botella --- boteja
- Glas --- vaso --- baso
- Sektglas --- copa --- kopa
- Zahnstocher --- palillo --- pali- jo